McKay / Fanning / Paleg / Landis

Wenn Eltern die Wut packt ...

W0173711

Matthew McKay / Patrick Fanning /
Kim Paleg / Dana Landis

Wenn Eltern die Wut packt...

Alltägliche Streßsituationen
mit Kindern bewältigen

Walter Verlag, Zürich und Düsseldorf

Titel der amerikanischen Originalausgabe:
When anger hurts your kids. A Parent's guide
Erschienen bei New Harbinger Publications, Inc., Oakland 1996
© 1996 by Matthew McKay, Ph.D.; Patrick Fanning, Kim Paleg, Ph.D.,
and Dana Landis

Übersetzung aus dem Amerikanischen von Martin Rometsch

Die Deutsche Bibliothek – CIP-Einheitsaufnahme

Wenn Eltern die Wut packt...: alltägliche Streßsituationen mit
Kindern bewältigen / Matthew McKay... [Übers. aus dem Amerik.
von Martin Rometsch]. – Zürich; Düsseldorf: Walter, 1998
Einheitssacht.: When anger hurts your kids <dt.>
ISBN 3-530-30041-1

2. Auflage 1998

Satz: Fotosatz Moers, Mönchengladbach
Druck und Bindung: Grafo
ISBN 3-530-30041-1

Inhalt

Für alle Kinder

«Ein Mensch ist groß, wenn er weiß, daß er nicht auf die Erde geschickt wurde, um bei Handlungen mitzuwirken, durch die ein Kind verletzt werden kann.» MURRAY KEMPTON

Wir bedanken uns herzlich bei Dr. phil. Joan Lidsker, die viele gründliche Einzelgespräche für unsere Pilotstudie führte; bei Jude McKay, Karen Halliburton und Christian Halliburton, die die Daten aus den Gesprächsprotokollen analysierten; bei Dr. phil. Juergen Korbanka und Michele Waters für ihre wertvolle Hilfe bei der statistischen Analyse unserer Daten; bei Dr. phil. Adah Maurer, der geschäftsführenden Direktorin von *End Violence Against the Next Generation*, die uns auf neuere Studien über die Wirkung körperlicher Strafen hinwies; bei Leslie Tilley für ihre gute Arbeit als Lektorin; bei unseren Kollegen bei *Publishers Group West* für ihr begeistertes Interesse an diesem Buch.

1 Die Folgen der elterlichen Wut

Waren Sie schon einmal richtig wütend auf Ihr Kind?
Haben Sie es je geschlagen oder die Selbstbeherrschung
verloren?
Haben Sie sich danach mutlos und schuldig gefühlt?
Haben Sie beschlossen, künftig die Ruhe zu bewahren?
Sind Sie dennoch rückfällig geworden?

Wenn ja, ist dieses Buch für Sie bestimmt.

Wenn Eltern die Wut packt... ist das Ergebnis einer zwei-
jährigen Studie, an der 285 Eltern teilnahmen – ganz normale
Eltern wie Sie, mit ganz normalen, durchschnittlich frechen
Kindern wie die Ihren. Diese Eltern füllten einen detaillierten
Fragebogen aus, und die Ergebnisse enthüllen, wann und wie
Eltern auf ihre Kinder wütend werden, warum sie wütend wer-
den und wie sie ihre Wut am besten in den Griff bekommen.

Wir haben die Resultate unserer Studie mit den Erkenntnis-
sen anderer Psychologen verbunden, um Ihnen zu zeigen, mit
welchen Methoden Sie Ihre Wut zügeln können. Sie können
tatsächlich anders denken, anders handeln und anders reden;
Sie können den Frieden, die Ruhe, die Liebe und die Zusammenarbeit finden, nach denen Sie suchen. Mit diesem Buch lernen Sie es Schritt für Schritt.

Das erste Kapitel befaßt sich mit den allgemeinen Auswirkungen der Wut und erklärt, warum es so wichtig ist, Wutanfälle zu vermeiden. In Kapitel 2 überprüfen Sie, ob Wut ein
Problem in Ihrer Familie ist. In Kapitel 3 erfahren Sie, was im
Geist und im Körper vor sich geht, wenn Sie wütend sind. Ka-

pitel 4 beschreibt, wie Kinder sich in verschiedenen Entwicklungsstadien verhalten und warum sie das tun. In Kapitel 5 fangen Sie an, Ihre Wut zu beherrschen zu lernen, zunächst durch eine Änderung des Denkens. In Kapitel 6 geht es um Verhaltensänderungen, und in Kapitel 7 lernen Sie, mit Ihren Kindern anders zu reden. In Kapitel 8 tragen Sie Ihr neues Wissen zusammen, um Ihre Wut zukünftig im Griff zu haben.

Alle Eltern werden wütend

Eltern haben es schwer. Sie hätten es schon schwer genug, wenn sie nur Eltern wären – aber alle Eltern haben viele Pflichten, die erfüllt sein wollen. Angesichts der Anforderungen, die auf ihnen lasten, ist es kein Wunder, daß sie manchmal überlastet und wütend sind.

Studien belegen, daß Wut für einen großen Teil der Eltern ein Problem ist. Mehr als die Hälfte der Eltern, die an einer Studie von Frude und Goss (1979) teilnahmen, gaben zu, daß sie die Beherrschung verloren und ihr Kind «ziemlich hart» geschlagen hatten. Weitere vierzig Prozent fürchteten, in Zukunft die Beherrschung zu verlieren und ihrem Kind ernstlich weh zu tun. In unserer Untersuchung gaben zwei Drittel der Eltern an, durchschnittlich fünfmal in der Woche wütend zu werden und ihre Kinder anzuschreien. Es handelte sich um normale Eltern mit normalen Kindern, aber die meisten Erwachsenen hatten fast jeden Tag einen heftigen Wutanfall. Das ist erschütternd genug; doch eine Studie von Juergen Korbanka und Matthew McKay (1995) zeigt zudem, daß Eltern, die häufiger schreien, drohen und schlagen, ihren Kindern weniger seelische Unterstützung geben. Mit anderen Worten: Je wütender Eltern werden, desto häufiger vernachlässigen sie ihre Kinder in jeder Hinsicht.

Wut bedeutet: mehr Prügelstrafe

Eine Studie über Gewalt in der Familie (1985) belegte, daß neunzig Prozent der Eltern in den Vereinigten Staaten ihr Kind schlagen, wenn es zwei Jahre alt ist. Wer meint, das sei zu früh, sollte nicht vergessen, daß 1965 ein Viertel der amerikanischen Kleinkinder im Alter von einem bis sechs Monaten und fast die Hälfte der einjährigen Kinder geschlagen wurden (Straus 1994).

Da die Prügelstrafe fast in jeder Familie vorkommt, lautet die wichtigste Frage: Wie oft wird sie praktiziert? Eine Längsschnittuntersuchung in den USA kam zu dem Ergebnis, daß zwei Drittel der Mütter mit Kindern unter sechs Jahren es für notwendig hielten, die Kinder rund dreimal in der Woche zu schlagen. Das heißt, daß die große Mehrheit der Mütter ihre Kinder durchschnittlich 150mal im Jahr züchtigt (Straus 1994). In diesen Zahlen sind die Schläge, welche die Kinder von ihren Vätern bekommen, nicht enthalten.

Häufigkeit und Intensität der elterlichen Wut hängen stark mit der Neigung zu körperlichen Strafen zusammen. Kürzlich kam man zu dem Schluß, daß Eltern, die oft schreien, auch am häufigsten schlagen (Hemenway, Solnick, Carter 1994). Und Carol Heussen (1986) stellte in einer wichtigen kanadischen Studie fest, daß Eltern mit heftigen Wutanfällen ihre Kinder zweimal so oft schlagen. Ein enger Zusammenhang besteht auch zwischen körperlicher Mißhandlung und Tadeln, Schimpfen und Herabsetzen. Korbanka und McKay (1995) fanden heraus, daß Eltern, die oft verbal ausfällig werden, auch häufiger körperlich strafen.

Prügelstrafe und Mißhandlung

Da Amerikaner häufig mit körperlichen Mitteln strafen – und das meist, wenn sie wütend sind –, könnte ein Zusammenhang zwischen Schlägen und den zunehmenden körperlichen Mißhandlungen bestehen. Der Soziologe Murray Straus kommt tatsächlich zu diesem Schluß: «Die wissenschaftlichen Belege dafür, daß die Prügelstrafe die Gefahr der Mißhandlung erhöht, sind so gut oder besser wie die Belege für andere vermutliche Ursachen ... Je häufiger geschlagen wird, desto größer wird die Gefahr einer Eskalation, weil die Prügelstrafe einem Kind nicht hilft, ein Gewissen auszubilden. Sie führt [statt dessen] dazu, daß ein Kind körperlich aggressiver wird. Je mehr sich Eltern auf Schläge verlassen, desto öfter müssen sie mit der Zeit schlagen.»

Wenn Prügel, die der Wut entspringen, wirklich die Gefahr der Mißhandlung erhöhen, zahlen Amerikas Kinder einen hohen Preis für unsere Unfähigkeit, bessere Erziehungsmethoden zu finden. Körperverletzung ist heute eine der häufigsten Todesursachen bei amerikanischen Kindern; täglich erleiden zwölf Kinder dadurch einen Gehirnschaden. Eine Gallup-Umfrage aus dem Jahr 1994 belegt, daß fast fünf Prozent aller Eltern ihre Kinder derart züchtigen, daß eine Mißhandlung vorliegt. Im selben Jahr wurden in den Vereinigten Staaten drei Millionen Fälle von körperlicher Mißhandlung registriert (*San Francisco Examiner*, 7. Dezember 1995). Viele dieser Kinder erlitten physische Verletzungen, seelische Traumen oder waren intellektuell oder im Verhalten gestört.

Gewalt gegen Kinder ist ein Problem. Es ist so ernst, daß wir einen großen Teil der nächsten Generation buchstäblich vernichten – geistig, seelisch und körperlich.

Folgen der Gewalt für die Entwicklung des Kindes

Sozialwissenschaftler haben untersucht, welche Auswirkungen elterliche Wut und häufige körperliche Strafen auf ein sich entwickelndes Kind haben. Nachstehend fassen wir zusammen, was wir derzeit darüber wissen.

Kinder wütender Eltern sind aggressiver und aufsässiger

Im Gegensatz zu einer verbreiteten Meinung («Wer sein Kind liebt, züchtigt es») bringen Wut und Prügel offenbar rebellische Kinder hervor, die sich nicht in der Gewalt haben. Eine Untersuchung von Susan Crockenberg (1987) belegt, daß wütende und prügelnde Mütter Kinder haben, die selbst wütend sind. Auffällig ist, daß diese Kinder im Vergleich mit den Kindern ausgeglichener Mütter auch *aufsässiger* sind. Zvi Strassberg et al. (1994) bestätigten diese Befunde. Sie beobachteten fast 300 Kindergartenkinder im Gruppenzimmer und auf dem Spielplatz. Strassberg fragte dann bei den Eltern nach, wie sie diese Kinder im vergangenen Jahr erzogen hatten. Kinder, die geschlagen worden waren, verhielten sich gegenüber anderen Kindern aggressiver. Strassberg schloß daraus, daß die Prügelstrafe als solche, nicht ihre Häufigkeit, Aggressionen auslöst, weil Gewalt den Kindern beibringt, andere gewaltsam zu unterwerfen.

Penelope Trickett und Leon Kuczynski (1986) stellten fest, daß Kinder, die seelisch oder körperlich mißhandelt worden waren, «sich aggressiver verhalten» und häufiger widerspenstig sind als Kinder mit weniger wütenden Eltern.

Kinder wütender Eltern sind weniger mitfühlend

Crockenberg (1987) wies nach, daß Kinder wütender Mütter

dazu neigen, sich von diesem Elternteil zu distanzieren. Es ist durchaus möglich, daß die Bindung zwischen Mutter und Kind schwächer wird, wenn die Mutter das Kind immer wieder körperlich bestraft. Wissenschaftler, die seelische Bindungen erforschen, haben herausgefunden, daß Kinder, deren emotionale Beziehung zur Mutter gestört ist – zum Beispiel weil die Mutter die Schmerzen des Kindes oft ignoriert –, egozentrischer sind. Es fällt ihnen schwer, auf die Bedürfnisse oder Schmerzen anderer zu reagieren.

Eine Studie von Crockenberg (1985) mit Kleinkindern brachte ähnliche Ergebnisse: Häufigere Wutausbrüche der Mutter führen dazu, daß Kleinkinder öfter gefühllos reagieren, wenn sie andere leiden sehen.

Kinder wütender Eltern sind weniger anpassungsfähig

Eine wichtige Studie von Abraham Tesser et al. (1989) untersuchte den Zusammenhang zwischen der Anpassungsfähigkeit von Jugendlichen und ihren Meinungsverschiedenheiten mit den Eltern. Sie hielten fest, wie oft es Auseinandersetzungen über 44 verschiedene Anlässe, wie Fernsehen oder Mithilfe bei der Hausarbeit, gab, und baten Mütter, Väter und Heranwachsende, das Ausmaß der Wut bei den einzelnen Anlässen zu bewerten. Dann bestimmten sie die Anpassungsfähigkeit der Kinder auf Grund der Leistungen im Studium, der sozialen Fertigkeiten, des Verhaltens, der Neigung zu Depressionen und der Durchschnittsnoten und anderer Daten. Zwischen der Anpassungsfähigkeit in *allen* diesen Bereichen und der Zahl der Auseinandersetzungen bestand ein negativer Zusammenhang. Der Zusammenhang zwischen der Anpassungsfähigkeit und der Zahl der friedlichen Diskussionen war ebenso deutlich *positiv*.

Die wissenschaftlichen Befunde sind eindeutig: Das Ausmaß an Wut in der Familie beeinflußt die Leistungsfähigkeit des heranwachsenden Kindes in fast jedem Lebensbereich. Wut wirft einen langen Schatten; sie verdüstert nicht nur den Augenblick, sondern auch die Gefühlswelt und den akademischen und gesellschaftlichen Erfolg Ihres Kindes.

Wütende Eltern und Kriminalität

Da kleine Kinder auf die Wut der Eltern ihrerseits mit Aufsässigkeit und Wut reagieren, überrascht es nicht, daß es einen Zusammenhang zwischen elterlicher Wut und der Straffälligkeit von Heranwachsenden gibt. Straus (1994) stellte fest, daß Kinder um so häufiger straffällig werden, je öfter die Eltern sie körperlich bestrafen. Nach dieser Studie kamen nur fünf Prozent jener Teenager, die von ihren Eltern nicht geschlagen wurden, mit dem Gesetz in Konflikt. Andererseits hatten 25 Prozent der Heranwachsenden, die öfter als dreißigmal im Jahr geprügelt wurden, Straftaten begangen.

Phillip Grevin schreibt: «Was die Wurzeln der Kriminalität angeht, so haben wir überwältigende Beweise dafür, daß die Prügelstrafe entscheidend dazu beiträgt, Wut, Aggression und Rachegefühle hervorzurufen. Diese beflügeln dann die Emotionen, Phantasien und Handlungen jener Individuen, aus denen Delinquenten oder Kriminelle werden.» Heutzutage ist die Besorgnis über die Gewalt in unserer Gesellschaft groß. Wenn Grevin recht hat, sollten wir uns weniger über die Gewalt in den Medien Sorgen machen als darüber, wie Wut und Schläge in der Familie die Saat asozialen Verhaltens in unsere Kinder pflanzen. Es dauert lange, bis diese Saat aufgeht und wächst; aber es wird immer deutlicher, daß häufige Wutanfälle der Eltern die Zahl der Schläger und Gewalttäter in unserem Land vergrößern.

Neuerdings gibt es auch immer mehr Hinweise darauf, daß die Folgen der Wut von einer Generation an die nächste weitergegeben werden. Lisa Zaidi, John Knutson und John Mehm (1989) haben festgestellt, daß Eltern, die als Kinder geprügelt wurden, häufiger asoziale und aggressive Kinder haben. Viele andere Studien bestätigen, daß etwa ein Drittel der mißhandelten Kinder ihre eigenen Kinder ebenfalls mißhandelt (Oliver 1993).

Folgen der Wut für das erwachsene Kind

Wenn die Kinder wütender Eltern heranwachsen, haben sie größere Probleme als jene, deren Eltern beherrschter waren. Vor allem Frauen leiden offenbar unter den Wutausbrüchen, die sie als Kinder erfahren haben. Korbanka und McKay (1995) untersuchten den familiären Hintergrund von 200 Männern und Frauen und fragten, ob ihre Eltern sie mit oder ohne Drohungen erzogen hatten. Unter «Erziehung mit Drohungen» verstanden sie häufiges Schlagen, Anschreien und Einschüchtern. Frauen, die so erzogen worden waren, litten häufiger an seelischer Kälte und schmerzlicher Sehnsucht nach Nähe und Intimität. Außerdem waren ihre Freundschaften kürzer und weniger stabil. Die Männer hatten diese Probleme nicht; doch ihnen schien es schwerer zu fallen, dauerhafte *romantische* Bindungen zu knüpfen: Ihre Beziehungen waren durchschnittlich sechs Monate kürzer als die jener Männer, die in friedlichen Familien aufgewachsen waren.

Depressionen

Depressionen bei Erwachsenen haben viele Ursachen. Eine Mitursache ist offenbar das Ausmaß der Prügelstrafe während der

Kindheit. Straus (1994) berichtet, daß Erwachsene, die als Heranwachsende von ihren Eltern geschlagen wurden, häufiger Depressionen haben als jene, die anders erzogen wurden. Menschen, die als Heranwachsende körperlich gezüchtigt wurden, haben zudem häufiger Selbstmordgedanken. Das ist ein weiterer bestürzender Beweis dafür, daß elterliche Wut, die sich physisch äußert, das Selbstwertgefühl der Kinder beeinflußt. Kinder, die körperlich bestraft worden sind, haben ein geringeres Selbstwertgefühl und trauen sich seltener zu, das zu erreichen, was sie brauchen, um glücklich zu sein. Da die Wut der Eltern so oft die Botschaft «Du bist schlecht!» vermittelt, übernehmen die Kinder möglicherweise diese in ihr Selbstbild, und schließlich wird es zum Grundstein ihrer Identität. Als Erwachsene erwarten sie dann sehr wenig von der Welt – weil sie glauben, Liebe, Erfolg und Glück nicht zu verdienen.

Eßstörungen bei Frauen, deren Eltern gewalttätig waren, hängen mit dem geringen Selbstwertgefühl zusammen. Je häufiger Eltern schlagen, schreien und drohen, desto öfter müssen ihre erwachsenen Töchter mit Eßsucht kämpfen (Korbanka und McKay 1995). Mit zwanghaftem Essen versuchen viele Menschen, Gefühle der Wertlosigkeit zu verdrängen oder zu betäuben. Sie müssen dem alten «Du bist schlecht!» der Eltern mit Essen «den Mund stopfen».

Entfremdung

Entfremdung ist nach Straus (1994) eine Verbindung zweier starker Gefühle. Die erste Komponente ist ein Gefühl der *Machtlosigkeit* – die Überzeugung, sein Leben nicht im Griff zu haben und wichtige Bedürfnisse nicht befriedigen zu können. Die zweite Komponente ist das Gefühl der Gleichgültigkeit, des «Na und?» – verbunden mit dem Fehlen fester moralischer

Normen und der Neigung, alles zu tun, was man angeblich braucht, um über die Runden zu kommen.

Straus stellte fest, daß sich bei Erwachsenen, die als Jugendliche häufig geschlagen wurden, öfter ein Gefühl der Entfremdung entwickelt. Der Umstand, daß zwischen Depressionen und Prügelstrafe nachweislich ein Zusammenhang besteht, stützt diesen Befund. Depression wird auch als *erlernte Hilflosigkeit* bezeichnet, als die Erkenntnis, daß man trotz aller Bemühungen wenig tun kann, um seine Umwelt zu verändern oder in den Griff zu bekommen. Diese erlernte Hilflosigkeit gleicht sehr dem Gefühl der Machtlosigkeit, die Teil der Entfremdung ist.

Es gibt einen wichtigen Grund für das Fehlen von Normen bei körperlich mißhandelten Jugendlichen. Kinder, die geschlagen werden, haben weniger Gelegenheit, ein Gewissen zu entwickeln. Wenn ein Elternteil ein Kind durch Drohungen zum Gehorsam zwingt, lernt es nur eines: «Laß das, oder du kriegst Prügel.» Darum wird das Kind schlau und versucht herauszufinden, wie es der Strafe entgehen kann. Alles ist in Ordnung, solange Papa oder Mama es nicht sehen oder entdecken.

Prügelstrafe verhindert das Wachstum des Gewissens, weil Ihr Kind sich nicht mehr bemüht, Ihnen zu gefallen und Sie stolz zu machen. Statt dessen versucht es lediglich, Schmerzen zu vermeiden. Nur der Wunsch, von den Eltern akzeptiert und geschätzt zu werden, hilft Kindern, die Regeln zu «verinnerlichen».

Gewalt in der Ehe

Wir haben bereits erwähnt, daß Gewaltbereitschaft als düsteres Erbe von den Eltern an die Kinder weitergereicht wird. Unter dieser Aggressivität leiden oft auch die Ehepartner jener Menschen, die als Kinder gezüchtigt wurden. Männer, die als Heranwachsende häufig geschlagen wurden, mißhandeln ihre Frau öfter (Straus 1994). Auch das ist nicht erstaunlich, weil ihnen ja eingebleut wurde, daß man Probleme mit Gewalt lösen kann. Die Lektion lautet: «Wenn dir nicht paßt, was andere tun, oder wenn sie frech sind, hau zu!» Die unvermeidlichen Auseinandersetzungen in einer intimen Beziehung können bei Männern Gewalt auslösen, wenn sie als Kinder beobachtet haben, wie ein Elternteil Konflikte durch Gewalt und Einschüchterung löste.

Beruf und wirtschaftlicher Erfolg

Die emotionalen Folgen einer Erziehung durch Strafe – Gefühlsarmut, Depressionen, Entfremdung und Wut – können den Erfolg im Leben schmälern. Je häufiger ein Mensch als Heranwachsender geschlagen wurde, desto geringer ist die Wahrscheinlichkeit, daß er die höchsten Stufen des beruflichen oder wirtschaftlichen Erfolges erreicht – selbst wenn er das College abschließt (Straus 1994).

Eltern wollen, daß ihre Kinder ihr Potential im Leben voll ausschöpfen können. Wut und Schläge können jedoch die ansonsten intensiven Bemühungen vereiteln.

Wie dieses Buch Ihnen helfen kann

Es ist nicht ein für allemal festgelegt, wie Sie Ihre Kinder behandeln. Alles kann sich ändern. Wenn Ihre Wut Ihnen Sorgen macht, kann dieses Buch dazu beitragen, daß Sie künftig bei Konflikten mit Ihren Kindern anders reagieren.

Sie können lernen, frühe Warnsignale zu erkennen und zu nutzen, *bevor* Sie einen Wutanfall bekommen. Sie können lernen, Kerngedanken zu erkennen und zu ändern, die bei Ihnen Wut auslösen. Sie können lernen, die *wahren* Ursachen kindlicher Ungezogenheit zu identifizieren und darauf angemessen zu reagieren. Sie können Methoden der Problemlösung erlernen, die den alten Zyklus der Wut durchbrechen. Und Sie können Ihre Wut mit Hilfe eines ausgeklügelten Plans in den Griff bekommen und dadurch Ihr Verhältnis zu Ihrem Kind von Grund auf ändern.

Das sind keine leeren Versprechungen. Die Techniken, die dieses Buch Ihnen vermittelt, haben sich bereits als wirksam erwiesen. Aber es gibt eine Bedingung: *Sie müssen sie anwenden.* Es genügt nicht, dieses Buch zu lesen und Ideen passiv in sich aufzunehmen. Sie müssen daran *arbeiten*, neue Fertigkeiten zu erwerben. Sie müssen die Übungen machen, mit Ihren Kindern anders als bisher sprechen und anders auf sie reagieren, sich um Streßabbau bemühen und weitere Strategien nutzen. Wenn Sie das tun, werden Sie im Umgang mit Ihren Kindern immer seltener wütend und frustriert sein. Sie werden eine bessere Mutter oder ein besserer Vater, und Ihre Kinder werden nicht unter den verheerenden Folgen der Wut zu leiden haben.

2 Haben Sie ein Problem?

*Ihr Kreischen und Weinen machte mich verrückt – so sehr,
daß ich daran dachte, sie zu schlagen, wenn sie nicht aufhörte.
Ich schrie sie an und war grob zu ihr, als ich sie in ihr Zimmer
brachte. Dann saß ich eine Stunde lang auf der Couch und
dachte: «Ich kann nicht glauben, daß ich dieser Mann bin, der
die Selbstbeherrschung völlig verloren hat und sein Kind derart
anschreit.» Ich erkenne mich selbst nicht wieder, wenn ich so
wütend werde. Das macht mir angst.*

Der Vater einer Fünfjährigen

Als Vater oder Mutter wissen Sie wahrscheinlich nur allzu gut,
daß solche Gefühle nicht ungewöhnlich sind. Es ist sogar wahrscheinlich, daß Sie die Beherrschung verlieren, daß Sie für einen
Augenblick den Impuls verspüren, Ihr Kind zu schlagen, oder
daß Sie nach einem Streit mit Ihrem Kind ein schlechtes Gewissen haben. Vater oder Mutter zu sein ist wahrscheinlich die an-
strengendste Aufgabe, die Sie je übernehmen werden. Lange
Abende, lange Stunden, unendlich viel Verantwortung und
ständige Aufmerksamkeit gehören dazu. Alle Eltern bekommen
die Folgen dieses Zustandes zu spüren und müssen bisweilen
mit überwältigendem Streß und jäher, heftiger Wut kämpfen.

Wenn Sie dieses Buch lesen, machen Sie sich über Ihre Wut
Sorgen. Aber wie groß ist Ihr Problem? Die Wissenschaftlerin
Carol Heusson (1986) stellte fest, daß die meisten Eltern schon
einmal so wütend auf ihr Kind waren, daß sie fürchteten, die
Beherrschung zu verlieren. Wann also wird Wut problema-
tisch? Dieses Kapitel möchte Ihnen vor allem helfen herauszu-

finden, ob Sie ein Problem mit der Wut haben. Sie können in drei Schritten das Ausmaß Ihrer Wut und die Folgen für das Verhältnis zu Ihrem Kind bestimmen. Während Sie den Fragebogen ausfüllen, sollten Sie so ehrlich wie möglich auf Ihre bisherigen Erfahrungen mit elterlicher Wut zurückblicken. Versuchen Sie auch, Mitgefühl für sich selbst und für Ihr Kind zu empfinden, wenn Sie an solche Vorfälle denken. Vergessen Sie nicht, daß *alle* Eltern ab und zu mit Wutanfällen zu kämpfen haben.

Wie heftig ist Ihre Wut?

Es ist schwierig, das Ausmaß der eigenen Wut einzuschätzen, da jede Emotion ein subjektives Erlebnis ist. Manche Mütter sind der Meinung, die tägliche Auseinandersetzung mit ihrem achtjährigen Kind sei völlig normal oder gar unvermeidlich und kein Indiz für ein Problem. Eine andere leidet möglicherweise unter heftigen Schuldgefühlen, wenn sie ihr fünfjähriges Kind zweimal in der Woche anschreit. Da es keinen allgemeingültigen Maßstab gibt, mit dem Eltern ihre Emotionen messen könnten, kann es sehr schwierig sein, zu beurteilen, ob Ihre Wut nun besonders heftig oder gering oder durchschnittlich stark ist.

Eine Möglichkeit besteht darin, sich unmittelbar mit anderen Eltern zu vergleichen. Virginia deRoma und David Hansen (1994) haben zu diesem Zweck den *Fragebogen zur elterlichen Wut* (Parental Anger Inventory PAI) entwickelt. Die Antworten von 166 Eltern lieferten einmal Durchschnittswerte und zeigten zudem, welche Ergebnisse auf Wut in bedenklichem Ausmaß schließen lassen. Der Fragebogen, den sie benutzten, ist nachfolgend abgedruckt. Nehmen Sie sich ein wenig Zeit, und füllen Sie ihn aus.

Fragebogen zur elterlichen Wut*

Unten finden Sie eine Liste von Situationen, die Eltern oft wütend machen. Lesen Sie bitte die Beschreibungen, und beantworten Sie dann diese beiden Fragen:

1. Wie wütend werden Sie in dieser Situation?
2. Ist diese Situation zur Zeit ein Problem für Sie, oder war sie es im vergangenen Monat?

Als Bewertungsmaßstab dienen die Zahlen 1 bis 5:
1 = gar nicht, 2 = ein klein wenig, 3 = ein wenig, 4 = ziemlich stark, 5 = extrem.

Wenn die Situation im letzten Monat ein Problem für Sie war, schreiben Sie ein Kreuz X in die rechte Spalte.

Bitte beantworten Sie jede Frage, auch dann, wenn Sie im vergangenen Monat kein Problem für Sie war.
Füllen Sie zunächst die erste Spalte aus («Wie wütend?») und *danach* die zweite («Problem?»).

Wie wütend werden Sie in dieser Situation? *1 − 2 − 3 − 4 − 5* *gar nicht extrem*		*War diese Situation im letzten Monat ein Problem für Sie?*
____	1. Sie bringen Ihr Kind zu Bett, und es steht wieder auf.	____
____	2. Sie bitten Ihr Kind, etwas zu tun, aber es gehorcht nicht.	____

* mit Erlaubnis der Autoren abgedruckt

2. Haben Sie ein Problem?

*Wie wütend werden Sie
in dieser Situation?*
1 – 2 – 3 – 4 – 5
gar nicht   extrem

*War diese Situation
im letzten Monat ein
Problem für Sie?*

_____ 3. Ihr Kind beklagt sich (z. B. weil es den Fernse- _____
her ausmachen muß oder aufhören muß, et-
was Lustiges zu tun).

_____ 4. Ihr Kind macht Unordnung im oder vor dem _____
Haus.

_____ 5. Ihr Kind verschwendet Zahncreme, Essen _____
usw. im oder vor dem Haus.

_____ 6. Ihr Kind tut etwas, was Sie immer wieder är- _____
gert (z. B.: Es spielt eine Platte oder singt einen
Kinderreim oder ein Lied).

_____ 7. Ihr Kind tut etwas, ohne um Erlaubnis zu fra- _____
gen (z. B.: Es spielt mit einem Gegenstand
oder geht aus dem Haus).

_____ 8. Sie sagen Ihrem Kind, daß es etwas tun soll, _____
und es antwortet: «Das habe ich schon ge-
macht.» Aber Sie wissen, daß das nicht stimmt.

_____ 9. Ihr Kind tut etwas, was es nicht darf (z. B.: Es _____
benutzt Ihr Make-up oder Werkzeug).

_____ 10. Ihr Kind macht morgens sein Bett nicht. _____

_____ 11. Ihr Kind läßt seine Sachen im Haus herumlie- _____
gen.

_____ 12. Ihr Kind tut etwas, was Sie ihm verboten ha- _____
ben.

Wie wütend werden Sie
in dieser Situation?
1 − 2 − 3 − 4 − 5
gar nicht   extrem

War diese Situation
im letzten Monat ein
Problem für Sie?

_____ 13. Ihr Kind will beim Einkaufen oder zu Hause _____
etwas haben; es schreit und kreischt, wenn Sie
nein sagen.

_____ 14. Ihr Kind schreit seine Geschwister an. _____

_____ 15. Ihr Kind macht zuviel Lärm, während Sie ar- _____
beiten oder sich mit jemandem unterhalten.

_____ 16. Ihr Kind stört Sie bei der Arbeit oder bei einer _____
Unterhaltung.

_____ 17. Ihr Kind tut etwas, was es nicht darf, wenn Sie _____
bei jemandem zu Besuch sind.

_____ 18. Ihr Kind macht absichtlich Dinge kaputt. _____

_____ 19. Ihr Kind gehorcht Ihnen vor anderen Leuten _____
nicht.

_____ 20. Ihr Kind benutzt schmutzige Worte, wenn es _____
mit Ihnen spricht.

_____ 21. Ihr Kind verschüttet das Essen oder ein Ge- _____
tränk.

_____ 22. Ihr Kind schmollt oder verzieht das Gesicht, _____
wenn es seinen Kopf nicht durchsetzen kann.

_____ 23. Ihr Kind lügt. _____

_____ 24. Ihr Kind weigert sich, ins Bett zu gehen. _____

_____ 25. Ihr Kind ist beim Spielen zu laut. _____

_____ 26. Ihr Kind macht das Bett naß. _____

2. Haben Sie ein Problem?

*Wie wütend werden Sie
in dieser Situation?*
1 — 2 — 3 — 4 — 5
gar nicht   extrem

*War diese Situation
im letzten Monat ein
Problem für Sie?*

_____ 27. Ihr Kind macht in die Hose.   _____

_____ 28. Ihr Kind nimmt Dinge, die ihm nicht gehören.   _____

_____ 29. Ihr Kind will nicht antworten, wenn Sie ihm   _____
eine Frage stellen.

_____ 30. Ihr Kind kann nicht stillsitzen.   _____

_____ 31. Ihr Kind will etwas sofort haben.   _____

_____ 32. Ihr Kind tut so, als höre es Sie nicht, wenn Sie   _____
etwas zu ihm sagen.

_____ 33. Ihr Kind läßt andere nicht mit seinen Sachen   _____
spielen.

_____ 34. Ihr Kind unterbricht Sie, wenn Sie sich mit je- _____
mandem unterhalten.

_____ 35. Ihr Kind holt ständig Waren aus dem Regal,   _____
wenn Sie mit ihm einkaufen gehen.

_____ 36. Ihr Kind faßt ständig Waren an, wenn Sie mit   _____
ihm einkaufen gehen.

_____ 37. Ihr Kind bleibt im Auto nicht auf seinem   _____
Platz.

_____ 38. Die Lehrerin Ihres Kindes ruft an und berich- _____
tet von einem Problem, das Ihr Kind in der
Schule hat.

_____ 39. Ihr Kind schreit, kreischt und/oder rauft   _____
während einer Autofahrt.

| *Wie wütend werden Sie in dieser Situation?* | | *War diese Situation im letzten Monat ein Problem für Sie?* |

1 – 2 – 3 – 4 – 5
gar nicht   extrem

____ 40. Ihr Kind hat schlechte Schulnoten. ____

____ 41. Ihr Kind weint (obwohl es keine Schmerzen ____
hat).

____ 42. Ihr Kind verstreut Essen auf dem Tisch. ____

____ 43. Ihr Kind steht immer wieder vom Tisch auf, ____
bevor es mit dem Essen fertig ist.

____ 44. Ihr Kind erfüllt seine Pflichten nicht. ____

____ 45. Ihr Kind ist unartig, obwohl Sie einen harten ____
Tag hinter sich haben.

____ 46. Ihr Kind geht von zu Hause weg, ohne es Ih- ____
nen zu sagen.

____ 47. Ihr Kind kommt nach der Schule nicht sofort ____
nach Hause.

____ 48. Ihr Kind berührt gefährliche Dinge oder spielt ____
mit ihnen.

____ 49. Ihr Kind läuft auf die Straße. ____

____ 50. Ihr Kind klettert auf Möbel, Bäume oder an- ____
dere gefährliche Gegenstände.

Zählen Sie nun alle Zahlen in der linken Spalte zusammen. Die Summe steht für das Ausmaß Ihrer elterlichen Wut. Bei den 166 Eltern, die DeRoma und Hansen befragten, lautete der Durchschnittswert 98. Das bedeutet, daß die Hälfte der Eltern 98 oder weniger Punkte hatte. Zählen Sie dann die Kreuze X in der rechten Spalte. In unserer Studie gaben die Eltern im Durchschnitt zwanzigmal an, diese Situation sei für sie ein Problem. Das heißt, daß die Hälfte der Eltern 20 oder weniger Kreuze machte. Wenn Sie Ihre Ergebnisse mit diesen Durchschnittswerten vergleichen, wissen Sie, wo Sie im Vergleich zu andern Eltern stehen.

So bewerten Sie Ihre Ergebnisse

Wenn Ihr «Wutwert» über 98 liegt, werden Sie überdurchschnittlich oft wütend. Wut ist möglicherweise ein Problem für Sie. Allerdings, und das ist wichtig, mißt dieser Test nur einen Aspekt Ihrer Erfahrungen mit der Wut. Er sagt nichts darüber aus, ob Sie eine gute Mutter oder ein guter Vater sind und wie Sie mit Ihrer Wut zurechtkommen. Er kann Ihnen nur sagen, ob Sie häufiger wütend sind als Durchschnittseltern. Diese Information sollte Sie ermutigen, sich Ziele zu setzen und Ihr Verhalten zu ändern.

Wenn Ihr Wert dem Durchschnitt entspricht oder niedriger ist, um so besser. Das bedeutet, daß Sie nicht ungewöhnlich häufig in Wut geraten. Dennoch sollten Sie daran denken, daß die Aussagekraft dieses Tests beschränkt ist. Er spiegelt allgemeine Trends in großen Gruppen von Eltern wider. Das ist sehr nützlich, wenn Sie wissen möchten, wie Sie im Vergleich mit anderen Eltern dastehen; aber es sagt nichts über die individuellen Beziehungen zwischen bestimmten Eltern und Kindern aus. Ihre Wut kann für Ihre Kinder aus Gründen, die der Test nicht identifiziert, ein Problem sein.

Andere Faktoren, die zu berücksichtigen sind

So wie Eltern sich unterscheiden, was das Ausmaß ihrer Wut und ihren Umgang mit Enttäuschungen betrifft, unterscheiden sich Kinder in ihren Reaktionen auf die Wut der Eltern. Wenn Sie einschätzen möchten, welche Folgen Ihre Wut auf das Verhältnis mit Ihrem Kind hat, ist die *Empfindsamkeit* des Kindes einer der wichtigsten Aspekte. Eine Handlung, auf die das eine Kind heftig reagiert, um sie eine Stunde später zu vergessen, kann bei einem anderen Kind Schuldgefühle hervorrufen, die den ganzen Tag anhalten. Kinder unterscheiden sich sehr, was ihre Reaktion auf Anschreien, Liebesentzug, Strafe, Tadel und so weiter angeht. Es kann sein, daß Sie seltener als andere Eltern in Wut geraten, daß Ihr Kind aber stärker als andere Kinder darauf reagiert. Wenn Sie wirklich verstehen wollen, ob Wut in Ihrer Familie ein Problem ist, müssen Sie also die einzigartige Persönlichkeit Ihres Kindes berücksichtigen.

Ein weiterer wichtiger Aspekt ist die Art und Weise, wie Sie Wut ausdrücken und mit ihr umgehen. Das hat großen Einfluß auf Ihr Kind. Eine leicht verärgerte Mutter, die zu ihrem Kind sagt: «Ich bin es satt, deine Stimme zu hören. Verschwinde, und benimm dich woanders wie eine Heulsuse!», richtet wahrscheinlich mehr Schaden an als eine wütende Mutter, die sagt: «Ich bin sehr wütend über dein Benehmen. Geh in dein Zimmer, und bleib dort, bis ich dich rufe!» Wenn leicht verärgerte Eltern die Persönlichkeit des Kindes angreifen («Du bist schlecht, dumm, genau wie dein verdammter Vater!») oder ihm drohen («Wenn du das noch einmal sagst, kannst du was erleben!»), so sind die Folgen oft viel schlimmer, als wenn sehr wütende Eltern ihren Gefühlen auf angemessene Weise Luft machen («Ich halte dein Geschrei nicht mehr aus. Bleib in deinem Zimmer, bis du wieder vernünftig reden kannst.»). Untersuchen Sie genau, wie Sie Wut äußern und wie Sie mit ihr umgehen, und denken Sie darüber nach, wie Ihr Kind darauf reagiert.

Wie wirkt Ihre Wut auf Ihr Kind?

Bedenkliche Anzeichen

Vergessen Sie nie, daß Sie und Ihr Kind in derselben Situation sehr unterschiedlich reagieren können. Was Sie für einen kleinen Streit halten, hat möglicherweise für Ihr Kind schlimmere Folgen, als Sie ahnen. Da Kinder ihre Gefühle oft nicht in Worte fassen können, sollten Sie das *Verhalten* Ihres Kindes beobachten. Das ist eine der besten Methoden, etwas über seine Gefühle zu erfahren. Die folgende Liste enthält Verhaltensweisen, die bei Kindern häufig vorkommen, wenn sie unter der Wut der Eltern leiden. Achten Sie auf diese Anzeichen – es sind Warnsignale, die auf Probleme schließen lassen.

- Ihr Kind fürchtet sich davor, etwas auszuprobieren. Es reagiert so empfindlich auf Kritik, daß es Aufgaben oder Herausforderungen meidet.

- Ihr Kind mißhandelt jüngere Geschwister oder bekommt Wutanfälle und versucht, ein jüngeres Kind oder jüngere Geschwister zu verletzen.

- Ihr Kind macht einen deprimierten oder lethargischen Eindruck oder hat keine Lust zu spielen.

- Ihr Kind weigert sich, mit Ihnen spazierenzugehen oder etwas anderes mit Ihnen zu unternehmen.

- Ihr Kind zeigt in der Schule ein gestörtes Verhalten (es ist sehr zurückhaltend oder im Umgang mit anderen Kindern jähzornig und aggressiv).

- Ihr Kind hat ein geringes Selbstwertgefühl (es setzt andere herab, ist nie mit seinen Leistungen oder seinem Verhalten zufrieden oder denkt allgemein schlecht über sich selbst).

- Ihr Kind zeigt wenig Mitgefühl, wenn andere verletzt oder traurig sind.

Diese Verhaltensweisen werden meist Kindern zugeschrieben, die häufig elterlicher Wut ausgeliefert sind. Sie können aber auch Symptome für andere Probleme sein, die nichts mit Wut zu tun haben. Wenn Sie das Verhalten Ihres Kindes beobachten, erhalten Sie zwar nicht alle Antworten, wohl aber ein genaueres Bild von der komplexen Dynamik zwischen Ihnen und dem Kind.

Mit dem Kind reden

Wenn Sie herausfinden wollen, welche Wirkung Ihre Wut auf Ihr Kind hat, ist es wohl am besten, das Kind selbst zu fragen. Das ist allerdings nur sinnvoll, wenn das Kind alt genug ist und wenn es bereit und fähig ist, Gefühle auszudrücken. Wenn Ihr Kind nicht gerne mit Ihnen darüber redet, überlegen Sie, einen Therapeuten oder einen anderen Erwachsenen einzuschalten, dem das Kind vertraut und der ihm hilft; dann fällt es ihm leichter, sich auszusprechen.

Wenn Sie mit Ihrem Kind über dieses Thema reden, können Sie ihm die folgenden Fragen stellen:

- Bekommst du Angst, wenn ich wütend bin?

- Fühlst du dich schlecht, wenn ich auf dich wütend bin?

- Halten die schlechten Gefühle noch lange danach an?

- Hast du oft Angst davor, daß ich bald wieder wütend werde?

- Denkst du oft: «Wird sie/er jetzt wütend?»

- Weißt du, was mich wütend macht, oder bist du meist überrascht, wenn ich wütend werde?

- Hast du Angst, daß ich dir weh tue, wenn ich auf dich wütend bin?

Fügen Sie eigene Fragen zu speziellen Problemen hinzu, die Ihnen Sorgen bereiten oder die in Ihnen den Verdacht wecken, daß Ihr Kind Angst hat oder mit einer Situation nicht fertig wird.

Als Wanda ihrem sieben Jahre alten Sohn Frank einige dieser Fragen stellte, war sie von seinen klaren Antworten überrascht: «Ja, ich kriege Angst, wenn du mich fest am Arm packst und laut sprichst ... Manchmal fühle ich mich in der Schule nicht wohl, wenn du morgens wütend auf mich warst ... Ich denke dann, daß ich schlecht bin ... Ich weiß nie, was dich wütend macht – wenn mir das Frühstück nicht schmeckt, lachst du manchmal – und manchmal regst du dich darüber auf.» Frank nahm Wandas Fragen sehr ernst, und sie nahm seine Antworten sehr ernst.

Führen Sie ein «Wut-Tagebuch»

Bisher haben wir uns vor allem damit befaßt, wie Sie das Ausmaß Ihrer Wut und ihre Auswirkungen auf Sie und Ihr Kind beurteilen können. Jetzt ist es Zeit, daß Sie mehr über Konfliktsituationen erfahren: Was macht Sie wütend? Wie wütend werden Sie? Wie drücken Sie Ihre Wut aus? Wie lösen Sie das Problem? Und dazu sollten Sie ein «Wut-Tagebuch» führen. Wenn Sie sich auf die Ursachen und Wirkungen der Wut in Ihrem Alltag konzentrieren, entdecken Sie mit der Zeit Muster, die Ihnen helfen, die komplexe Dynamik der Wut zwischen Ihnen und Ihrem Kind zu verstehen. In späteren Kapiteln wird das Tagebuch Ihnen helfen, Ihr Denken und Verhalten bei Konflikten entscheidend zu verändern.

Kaufen Sie sich ein Notizbuch oder einen Schnellhefter und Schreibpapier. Bewahren Sie das Buch im Schlaf- oder Arbeitszimmer auf oder an einem anderen Ort, wo Sie Zeit für sich selbst finden. Fangen Sie heute noch an, und schreiben Sie jedes Ereignis auf, das Sie wütend auf Ihr Kind gemacht hat. Notieren Sie in fünf Spalten folgende Informationen:

- das Datum,

- die Situation, die Ihre Wut auslöste,

- die Intensität Ihrer Wut auf einer Skala von 1 bis 10 (1 steht für sehr geringen Ärger, 10 für die heftigste Wut, in die Sie jemals geraten sind),

- wie stark Sie die Wut ausgedrückt haben, wiederum auf einer Skala von 1 bis 10 (1 heißt, daß Sie ruhig gesagt haben, daß Sie wütend sind; 10 steht für den heftigsten Wutausbruch, den Sie je erlebt haben),

- die Folgen des Vorfalls in zwei Gruppen: a) In welchem Umfang hat Ihr Kind sich Ihrem Willen gefügt (wieder auf einer Skala von 1 bis 10), b) wie waren Sie mit den Folgen zufrieden (ebenfalls auf einer Skala von 1 bis 10)? Sie können die Folgen auch näher erläutern, damit Sie später beim Nachlesen Genaueres wissen.

Die Spalten in Ihrem Tagebuch sehen in etwa so aus:

Datum	Situation	Empfundene Wut	Geäußerte Wut	Folgen
				a) Folgsamkeit b) Zufriedenheit

Führen Sie dieses Tagebuch zwei Wochen lang in dieser Form (später werden Sie es leicht verändern). Es beantwortet Ihnen folgende Fragen:

- Wie oft werde ich wütend?

- Wie intensiv ist meine Wut in der Regel?

- Wie bewältige ich meine Wut? Subtrahieren Sie die Werte für die empfundene Wut von den Werten für die geäußerte Wut; dann wissen Sie, in welchem Umfang Sie Ihre Wut zügeln, wenn Sie ihr Ausdruck verleihen.

- Wie «erfolgreich» ist meine Wut? Wird mein Kind folgsamer, oder wird es jähzornig und lehnt sich gegen mich auf? Verspricht es zwar, folgsam zu sein, hält aber sein Versprechen nicht? Ist es nur gehorsam, solange ich aufpasse?

- Wie bin ich mit den Folgen zufrieden? Haben die Wutausbrüche sich gelohnt? Habe ich erreicht, was ich erreichen wollte, und dabei das Kind so wenig wie möglich verletzt, oder fühlt es sich verletzt und verstört?

Beispiel

Als Patty, eine berufstätige Mutter Anfang dreißig, nach Hause kommt, sieht sie, daß Jason, ihr neunjähriger Sohn, trotz wiederholter Verbote an ihrem Zeichentisch war. Er hat mit dem Messer ein Bild aus einer Zeitschrift geschnitten und dabei einen ihrer darunterliegenden Entwürfe zerfetzt. Sie läuft in den Hof und schreit ihn vor seinen Freunden aus der Nachbarschaft an. Dann schickt sie die anderen Kinder nach Hause und Jason für den Rest des Abends in sein Zimmer. Fernsehen darf er nicht mehr. Bevor sie zu Bett geht, macht sie folgende Eintragungen in ihr Wut-Tagebuch:

Datum	Situation	Empfundene Wut	Geäußerte Wut	Folgen
17. 8.	Jason brachte meinen Zeichentisch durcheinander und ruinierte einen Entwurf.	7	5	a) 9 – Er ging sofort in sein Zimmer. b) 4 – Er mußte bestraft werden, aber ich habe ein schlechtes Gewissen, weil ich die Beherrschung verloren habe.

3 Warum Sie wütend werden

Es war schon Viertel nach acht. Jessica suchte noch immer ihren zweiten Schuh. Das Auto lief bereits seit einigen Minuten, und Paul, Jessicas Vater, wurde immer ungeduldiger, als er sah, daß der Verkehr sich oben an der Brücke langsam staute. Er wies Jessica an, schnell die Zähne zu putzen, während er ihren Schuh suchte. Nachdem er unter Betten und Schränken nachgesehen hatte, fand er ihn schließlich hinter der Badezimmertür. Als er ins Wohnzimmer zurückkehrte, sah er Jessica in einem Sessel sitzen und Comics lesen. Die Zähne hatte sie noch nicht geputzt. Er riß ihr das Heft aus der Hand und schrie: «Wenn du nicht in einer Minute die Zähne geputzt und deine Jacke angezogen hast, haue ich dir eine runter! Habe ich mich klar genug ausgedrückt?»

Maria schwatzte wie üblich mit der Nachbarin, während sie die Einkäufe aus dem Auto holte. Wie immer warf sie gelegentlich einen Blick auf Eddy, ihren vier Jahre alten Sohn, der mit der Katze von nebenan spielte. Plötzlich hörte sie ein Hupen. Sie drehte sich um und sah, wie Eddy einen Stein nach einem vorbeifahrenden Auto warf. Maria ließ die Einkaufstüte fallen und packte den Jungen. Von Furcht und Scham überwältigt, schüttelte sie ihn mehrmals und schrie: «Du hättest einen Unfall verursachen können. Tu das ja nie, nie, nie wieder!»

Es war halb sechs an einem heißen Nachmittag. Die Kinder waren hungrig, und der Verkehr kam nur langsam vorwärts. Lynda hörte Radio und sang laut mit, um das Gezänk ihrer Kinder Derek und Tanya zu übertönen. Als sie sah, daß die beiden auf dem Rücksitz zu raufen begannen, versuchte sie, die Kleinen abzulenken, und fragte, was sie zum Abendessen haben wollten. Aber es war zu spät. Das Geschrei wurde lauter; Derek schlug Tanya, und Tanyas wütendes Kreischen schmerzte in den Ohren. Ohne nachzudenken, trat Lynda auf die Bremse und schrie: «Wenn ich noch einen Ton höre, geht ihr heute abend hungrig ins Bett!»

Einerlei, ob Sie Ihr Kind allein erziehen oder einen Partner haben – wahrscheinlich haben Sie ähnliches erlebt. Als Mutter oder Vater geraten Sie immer wieder in Situationen, die Ihre Geduld auf die Probe stellen. Wenn Sie Paul, Maria oder Lynda fragen würden, was sie so wütend gemacht hat, bekämen Sie drei verschiedene Antworten. Pauls Ungeduld ist etwas ganz anderes als Marias wütende Reaktion auf ihre Furcht und Verlegenheit oder Lyndas Erschöpfung am Ende eines langen Tages. Doch trotz dieser offenkundigen Unterschiede haben alle drei ähnlich reagiert.

In diesem Kapitel erfahren Sie, aus welchen Elementen sich jede Situation zusammensetzt, die Wut auslöst. Das unten beschriebene Zwei-Schritte-Modell der Wut enthüllt nicht nur die Ursachen der Wut, sondern auch die wichtige Rolle, die sie beim Streßabbau spielt. Wir werden noch einmal auf die Erlebnisse von Paul, Maria und Lynda eingehen und untersuchen, ob bestimmte Gedanken ihre Wut ausgelöst haben. Danach haben Sie Gelegenheit, Ihre eigenen auslösenden Gedanken zu erforschen und zu lernen, wie Sie mit der täglichen Belastung als Mutter oder Vater besser zurechtkommen.

Das Zwei-Schritte-Modell der Wut

Manchmal erschrecke ich selbst über meine Wut. Ich sage etwas, was ich gar nicht so meine, und oft tue ich etwas, was mir hinterher wirklich leid tut.

Die Mutter eines dreijährigen und eines sechsjährigen Kindes

*Es ist frustrierend, wenn ich in einer Situation immer wütender
werde. Ich spüre, wie die Wut zunimmt, und ich weiß, daß ich
gleich explodiere. Aber ich kann anscheinend nichts dagegen
tun.*
Der Vater eines neunjährigen Jungen

Wut ist für jeden Menschen ein Problem. Eltern, die behaupten,
sie hätten noch nie die Beherrschung verloren, machen sich
wahrscheinlich selbst etwas vor. Wut ist eine sehr starke Emotion, die schwer zu verstehen und schwer zu steuern ist. Darum
ist es so wichtig, daß Sie zunächst herausfinden, woher die Wut
kommt und was sie ist; nur dann können Sie lernen, Ihre Wut
zu zügeln.

Zwei Elemente gehen jeder wütenden Reaktion voraus:
Streß und auslösende Gedanken. Doch Streß allein oder auslösende Gedanken allein genügen nicht – Sie brauchen beide, um
das Feuer anzuzünden. Streß ist der Zunder, die Gedanken sind
das Streichholz. Denken Sie an Paul, der abfahren wollte und
eine Auseinandersetzung mit seiner Tochter Jessica hatte, und
denken Sie an das Zwei-Schritte-Modell. Wie Sie sehen, haben
sich bei Paul Streß und auslösende Gedanken verbunden und
seinen Wutanfall bewirkt.

Unterschwelliger, genereller Streß trug erheblich dazu bei,
daß Paul sich über Jessica ärgerte. Bevor er alleinerziehender
Vater wurde, war der Beruf für ihn das Wichtigste. Er war stolz
auf die Mühe, die er sich bei seinen Projekten gab, und auf seine Bereitschaft, lange im Büro zu bleiben, wenn man ihn
brauchte. Dann war er auf einmal allein für seine Tochter verantwortlich, und das brachte große Veränderungen mit sich. Er
kam immer öfter spät ins Büro und merkte, daß sein Chef von
ihm enttäuscht war. An diesem Morgen hatte Paul sich sehr
bemüht, früher aufzubrechen als sonst. Seine Frustration er-

reichte einen Höhepunkt, als er sah, daß es wieder spät werden würde – erneut eine Entschuldigung beim Chef.

Obwohl der bereits vorhandene Streß eine große Rolle bei seinem Wutanfall spielte, war er nicht der einzige Auslöser. Normalerweise wäre er nervös und frustriert gewesen, aber nicht wütend. Es waren bestimmte Gedanken notwendig, um Besorgnis und Anspannung in Wut zu verwandeln.

Paul war zu einem letzten Versuch bereit, zu einer «Arbeitsteilung». Er wollte den zweiten Schuh suchen, und Jessica sollte sich die Zähne putzen. Dann würden sie in fünf Minuten auf der Straße sein. Als er jedoch mit dem Schuh in der Hand das Wohnzimmer betrat und sah, daß seine Tochter Comics las, waren seine ersten Gedanken: «Warum wartet sie bis zur letzten Sekunde? Das macht sie absichtlich!» Diese Gedanken entfachten seine Anspannung zur Wut. Er riß ihr das Heft aus der Hand und schrie sie an.

Die Funktion der Wut

Es gibt einen Grund dafür, daß Streß und Wut so eng miteinander zusammenhängen. Wenn Sie nicht gerade körperlich bedroht werden, hat Wut die Aufgabe, Streß abzubauen. Wut kann unerträglichen körperlichen oder seelischen Streß in einem Augenblick entladen oder davon ablenken. Wenn der Streß zunimmt, wird auch das Unbehagen größer. Wird der Streß zu stark, ist er nicht mehr auszuhalten, und Wut ist eine Methode, einen Teil der wachsenden Spannung zu entladen.

Maria wurde sofort wütend, als ihr Sohn Eddy einen Stein auf ein vorbeifahrendes Auto warf. Dieses Beispiel zeigt, wie schnell Streß sich in Wut verwandeln kann. Der Ton der Hupe und der Anblick des Jungen mit dem Stein in der Hand lösten eine akute Streßreaktion aus, die fast sofort unerträglich wurde. Als Maria das Kind anschrie und an den Schultern packte, fanden Furcht und Scham, von denen sie überschwemmt wurde, ein Ventil.

Der Streß der Eltern

Als Vater oder Mutter wissen Sie, daß Streß viele Formen annimmt. Für Kinder zu sorgen ist nicht nur eine ehrfurchtgebietende Verantwortung, sondern auch eine Aufgabe, die totale Hingabe, unendliche Geduld und ständige Wachsamkeit erfordert. Die folgende Liste beschreibt diese Aufgaben:

1. *Lange Tage.* Sie sind jeden Tag zu jeder Stunde (auch an Wochenenden und Feiertagen) «in der Pflicht». Wenn Sie berufstätig sind, beginnen Ihre elterlichen Pflichten morgens, lange bevor Sie das Haus verlassen, und setzen sofort wieder ein, wenn Sie nach Hause kommen. Und sie enden nicht nach dem Schlafengehen. Säuglinge und Kleinkinder wachen nachts häufig auf, und auch ein Kind, das krank ist oder Alpträume hat, stört Ihren Schlaf.
2. *Kinder sind unglaublich unordentlich.* Sie brauchen eine Menge Zeit und Energie, um aufzuräumen, sauberzumachen und Speisereste, Spielsachen und Kleider überall im Haus aufzusammeln. Selbst wenn Ihr Kind sein Spielzeug aufräumt, müssen Sie es dazu ermutigen, ihm zeigen, wie man es macht, die Arbeit überwachen und dabei helfen.
3. *Kinder sind laut.* Ein Haus mit Kindern ist von Lachen, Kreischen und Weinen erfüllt. Kinder stellen unaufhörlich Fragen. Wenn Sie etwas tun wollen, was Ruhe erfordert – lesen, telefonieren, sich unterhalten –, müssen Sie darum kämpfen.
4. *Sie haben viele Pflichten, die viel Zeit kosten und sich ständig wiederholen.* Das Waschen, Einkaufen und Kochen

nimmt kein Ende. Außerdem müssen Sie die Kinder überall hinbringen: zu Sportveranstaltungen, in die Tanzstunde, zum Zahnarzt ...

5. *Kinder sind egozentrisch.* Sie merken meist nicht, daß Sie ausgepumpt sind, die Geduld verlieren oder unter starkem Streß stehen. Es dauert lange, bis sie soziale Fertigkeiten wie Mitgefühl oder Einfühlungsvermögen lernen.

6. *Kinder testen Grenzen aus.* Normale Kinder streben nach Selbständigkeit. Sie wollen und müssen mehr für sich selbst tun, und sie stellen Ihr Urteil und Ihre Autorität in Frage. Von der Zweijährigen, die eben gelernt hat, nein zu sagen, bis zum rebellischen Teenager verletzen Kinder ständig die Regeln oder bestreiten ihren Sinn.

7. *Kinder brauchen sehr viel Zuwendung und Anerkennung.* Sie kämpfen mit allem und jedem um Ihre Aufmerksamkeit. Ihre Strategie ist teils direkt und offensichtlich («Schau mal!»), teils indirekt und versteckt (Rivalität unter Geschwistern, Zerstörungswut, schlechte Leistungen in der Schule).

8. *Kinder verlangen Wachsamkeit.* Sie müssen Ihre Kinder vor unmittelbaren und möglichen Gefahren schützen. Wenn Ihre Kinder klein sind, müssen Sie sie ständig beaufsichtigen und von Dingen fernhalten, die zerbrechlich, heiß, scharf oder so klein sind, daß sie sie verschlucken können. Sind die Kinder schon älter und spielen draußen, haben Sie Angst vor Unfällen, gefährlichen Spielplätzen, fremden Leuten und so weiter. Einerlei, wie wachsam Sie sind, Sie haben nie das Gefühl, daß Ihre Kinder völlig sicher sind.

(McKay, R./McKay, J./Rogers 1989)

Da Eltern diese schwere Last mit sich herumschleppen müssen, wäre es eigentlich fair, wenn das Leben sie im übrigen entlasten würde. Aber die Elternrolle ist ja nur eine von vielen, und Sie sind in Ihrem Alltag auch mit zahlreichen anderen Problemen konfrontiert: mit Schwierigkeiten in der Partnerschaft, einer schmerzlichen Trennung oder dem Mangel an menschlicher Wärme. Vielleicht haben Sie Probleme am Arbeitsplatz oder mit einem unangenehmen Vorgesetzten und müssen mit Terminen kämpfen. Möglicherweise kommen noch verspannte Muskeln, Krankheiten, Verletzungen oder Erschöpfung hinzu. Es ist wichtig, sich darüber im klaren zu sein, daß Sie als Mutter oder Vater und als erwachsener Mensch eine enorme Verantwortung tragen, die unweigerlich Streß erzeugt. Wenn Sie also Ihre Wut in den Griff bekommen wollen, müssen Sie auch lernen, Streß abzubauen.

Gedanken, die Wut auslösen

Wie bereits erwähnt, kann Streß Sie wütend machen: Wut ist ein Prozeß mit zwei Phasen. Streß geht der Wut voraus; aber bestimmte Gedanken sind eine notwendige zweite Komponente der Wutreaktion.

Denken Sie noch einmal an Lynda, die mit zwei streitenden Kindern im Stau steckte. Ihr körperliches Unbehagen – Hitze, Hunger, Erschöpfung – und der langsame Verkehr führten zu Streß, den die lärmenden Kinder auf dem Rücksitz noch verstärkten. Als Tanya zu schreien begann, gingen ihr drei «Auslöser» durch den Kopf:

Sie wissen doch, daß ich in diesem Verkehr Ruhe brauche.
Sie wollen, daß ich durchdrehe.
Sie respektieren einander nicht, und mich respektieren sie auch nicht.

Als Lynda hielt und ihre Kinder anschrie, hatten diese Gedanken ihren unerträglichen Streß in Wut verwandelt. An den Kindern konnte sie «Dampf ablassen». Dabei unterstellte sie, daß die Kinder Regeln verletzt hatten – sie waren *böse*, und darum war eine Strafe gerechtfertigt.

Vielleicht wissen Sie auf der intellektuellen Ebene, daß bestimmte Auslöser nicht wahr sind; aber wenn Sie unter starkem Streß stehen, haben Sie das Gefühl, sie träfen zu, und darum lösen sie die wütende Reaktion aus. Als Paul dachte: «Das macht sie absichtlich!», unterstellte er, daß Jessica bewußt trödelte, damit er zu spät ins Büro kam. Sie war böse und mußte bestraft werden. Als Lynda dachte: «Sie wissen doch, daß ich in diesem Verkehr Ruhe brauche!», unterstellte sie, daß Tanya und Derek bewußt eine bekannte Verhaltensnorm mißachteten. Sie waren unartig, und darum verdienten sie Strafe. Diese Auslöser verwandelten bei Paul und Lynda starken Streß in Wut, die sie dann an ihren Kindern ausließen. Wir können diesen Vorgang als einfache Formel darstellen: Streß plus «auslösende Gedanken» gleich Wut.

Sie können auslösende Gedanken verändern

Sie gehen in letzter Minute einkaufen, weil Sie das Abendessen für Ihre Party zubereiten müssen. Der Supermarkt ist überfüllt, und Sie haben Mühe zu bekommen, was Sie brauchen. Trotz mehrfacher Ermahnung hört Ihre zweijährige Tochter nicht auf, Sachen aus den Regalen zu ziehen. Sie sind peinlich berührt und verlieren Zeit, als Dosen mit Frühstücksflocken umfallen und Suppendosen geräuschvoll zu Boden fallen. Gegen seinen Willen setzen Sie das Kind in den Einkaufswagen, um weiterem Ärger vorzubeugen. Einen Augenblick später drehen Sie sich um und sehen, wie es eine Packung Spaghetti öffnet und Hunderte von Nudeln über den Wagen und den Fußboden streut. Ihre Reaktion in diesem Moment – Sie geben dem Kind einen Klaps, oder Sie schreien es an, oder Sie geben ihm etwas zum Spielen und säubern den Fußboden – hat eine Menge mit den Gedanken zu tun, die Ihnen durch den Kopf gehen, wenn die Spaghetti rollen. Gedanken wie:

Das mußte ja kommen! Sie ärgert sich, weil ich sie in den Wagen gesetzt habe.

lösen wahrscheinlich größere Wut aus als:

Ich hätte sie bei den Nachbarn lassen sollen. Das ist nicht der richtige Ort für eine gelangweilte, müde Zweijährige, schon gar nicht, wenn ich es eilig habe.

Da die Wut, die Sie empfinden, unmittelbar von Ihren auslösenden Gedanken beeinflußt wird, können Sie diese Wut verringern, indem Sie in kritischen Situationen Ihre Denkmuster ändern. Ein wichtiger erster Schritt ist getan, wenn Sie herausfinden, welche Auslöser Sie am häufigsten in Wut versetzen.

Die Studie über elterliche Wut

Um herauszufinden, welche Gedanken bei Eltern am häufigsten Wut auslösen, haben wir eine Zwei-Phasen-Studie durchgeführt. In der ersten Phase führten wir mit fünfunddreißig Eltern ausführliche Gespräche über die Situationen, die sie wütend machten, und über die Methoden, die sie anwandten, um mit diesen heiklen Situationen fertig zu werden. Außerdem baten wir die Eltern, ihre Gedanken bei den Wutanfällen der letzten Zeit zu beschreiben. Die Auslöser, die sie nannten, bildeten die Grundlage für die zweite Phase der Untersuchung.

In der zweiten Phase befragten wir 250 Eltern, die sich auf

unsere Anzeigen in landesweit verkauften Elternzeitschriften gemeldet hatten. Alle Teilnehmer wurden gebeten, eine Liste mit vierundzwanzig häufig genannten Auslösern (die wir den früheren Gesprächen entnommen hatten) durchzulesen und anzugeben, wie oft ihnen solche Gedanken kamen. Dann baten wir sie, den Fragebogen auszufüllen, den Sie aus Kapitel 2 kennen, und Häufigkeit und Intensität ihrer Wut zu vermerken. Auf diese Weise fanden wir heraus, welche auslösenden Gedanken Eltern mit starker und Eltern mit geringer Neigung zu Wutanfällen hatten.

Als wir die Auslöser mit dem Ergebnis des PAI (Fragebogen zur elterlichen Wut) verglichen, stellten wir fest, daß sie bei Menschen, die auf ihre Kinder sehr wütend waren, signifikant häufiger vorkamen. Bei Eltern, die oft wütend wurden, kamen achtzehn von vierundzwanzig Auslösern, nach denen wir fragten, erheblich öfter vor als bei ruhigeren Eltern.

Außerdem stellte sich heraus, daß man diese achtzehn Auslöser, die für wütende Eltern typisch sind, in drei Gruppen einteilen kann: 1. *unterstellte Absicht* («Das Kind will mich absichtlich ärgern!»), 2. *Übertreibung* (die Situation wird schlimmer eingeschätzt, als sie ist), 3. *Herabsetzen* (Verwendung negativer Wörter und Schimpfwörter, um das Kind oder sein Verhalten zu beschreiben).

Die Befunde lassen darauf schließen, daß auslösende Gedanken ein wichtiger Faktor sind, der Sie veranlaßt, häufiger und heftiger auf Ihr Kind wütend zu werden. In Kapitel 5 werden Sie lernen, diese auslösenden Gedanken Schritt für Schritt zu verändern und zu verringern. Zunächst müssen Sie jedoch lernen, diese Gedanken zu identifizieren.

So erkennen Sie gedankliche Auslöser

Die folgende Liste enthält achtzehn Gedanken, die auf häufige und starke Wut schließen lassen. Lesen Sie die Liste bitte durch, und überlegen Sie, ob Ihnen einer dieser Gedanken vertraut vorkommt – haben Sie vielleicht ähnlich gedacht, wenn Sie in letzter Zeit wütend auf Ihr Kind waren?

Unterstellte Absicht

_____ 1. Das tust du, um mich zu ärgern.

_____ 2. Das tust du aus Trotz.

_____ 3. Du versuchst, mich auf die Palme zu bringen.

_____ 4. Du willst mich auf die Probe stellen (herausfinden, wie weit du gehen darfst).

_____ 5. Du überhörst absichtlich, was ich sage.

_____ 6. Du nutzt mich aus.

_____ 7. Du tust das absichtlich (aus Rache, um mich zu verletzen, aus Trotz, um mich zu ärgern usw.).

Übertreibung

_____ 8. Ich halte das nicht aus.

_____ 9. Dieses Benehmen ist unentschuldbar.

_____ 10. Diesmal gehst du zu weit.

_____ 11. Du gehorchst mir nie.

_____ 12. Was fällt dir ein, mich so anzusehen, so mit mir zu reden, so etwas zu tun usw.

_____ 13. Aus allem machst du einen Machtkampf, einen Streit, einen Alptraum usw.

Herabsetzung

_____ 14. Du kannst dich nicht beherrschen.

_____ 15. Dir ist jedes Mittel recht.

_____ 16. Du bist so faul, boshaft, stur, respektlos, undankbar, eigensinnig, egoistisch, grausam, dumm, ungezogen, verwöhnt, aufsässig usw.

_____ 17. Du bist absichtlich gemein, du stellst dich dumm usw.

_____ 18. Du kümmerst dich nicht darum, was geschieht, wie ich mich fühle, wem du weh tust usw.

Werfen Sie nun einen Blick in Ihr Wut-Tagebuch, und versuchen Sie sich daran zu erinnern, welche Auslöser Ihnen während der Vorfälle, die Sie notiert haben, durch den Kopf gegangen sind. Achten Sie vor allem auf Auslöser, die mehrfach vorkommen. Es kann sein, daß Sie, je nach den Umständen, viele verschiedene Auslöser benutzen, aber es kann auch sein, daß einige wenige immer wieder auftauchen.

Lesen Sie jetzt die Liste der Auslöser noch einmal durch, und behalten Sie dabei im Auge, was Sie aus Ihrem Wut-Tagebuch gelernt haben. Kreuzen Sie diesmal alle Auslöser an, bei denen Sie sich mindestens einmal ertappt haben. Wenn einige Auslöser auffällig oft vorkommen, markieren Sie sie mit einem Stern. Denken Sie aber daran, daß diese Liste nur eine kleine Zahl von Auslösern enthält und daß die Gedanken, die Ihnen am häufigsten kommen, möglicherweise fehlen. Dennoch sollten Sie sich eingehend mit diesen Auslösern befassen, weil sie mit häufigen und heftigen Wutanfällen bei Eltern zusammenhängen. So erfahren Sie mehr darüber, wie Sie Ihre Denkmuster in kritischen Situationen identifizieren und ändern können.

Ergänzen Sie Ihr Wut-Tagebuch

Sie wissen jetzt, welche Rolle bestimmte Gedanken als Auslöser von Wutanfällen spielen. Jetzt müssen Sie lernen, Ihre Auslöser im täglichen Leben zu identifizieren. Bisher haben Sie in Ihrem Wut-Tagebuch alle Vorfälle notiert, die in Ihnen Wut auf Ihr Kind ausgelöst haben. Außerdem haben Sie das Ausmaß Ihrer Wut in verschiedenen Situationen bestimmt und die Folgen festgehalten. Jetzt wissen Sie mehr darüber, wie Ihre Wut Ihr Leben beeinflußt. Nun können Sie beginnen, in Ihrem Tagebuch auch die Gedanken zu notieren, die Ihnen während der beschriebenen Vorfälle gekommen sind. Von heute an enthält Ihr Wut-Tagebuch also eine weitere Spalte für die Auslöser. Ihre Eintragungen sehen dann so aus:

Datum	Situation	Auslösender Gedanke	Empfundene Wut	Geäußerte Wut	Folgen
					a) Folgsamkeit b) Zufriedenheit

Beispiel

Als Keith von einer Besprechung nach Hause kam, mußte er feststellen, daß die Babysitterin vergessen hatte, das Abendessen für seine Tochter zu machen. Die Kleine hatte den ganzen Abend Chips genascht. Keith war nach seiner Besprechung erschöpft und machte sich Sorgen über seine Arbeit. Er suchte im Kühlschrank nach Speisen, die sich leicht und schnell zubereiten ließen. Zwanzig Minuten später rief er seine Tochter herein. Auf dem Tisch standen Makkaroni mit Käse und Hot dogs. Kaum hatte das Mädchen sich gesetzt, fing sie an, sich zu beklagen. Sie war gar nicht hungrig, sie hatte erst gestern Hot dogs gegessen, die Nudeln waren zu hart, und diese Art Hot dogs schmeckten ihr nicht. Keith ärgerte sich, weil sie sich mit wertlosen Chips vollgestopft hatte und ihm obendrein den Abend verdarb. Er nahm sich zusammen und bestand darauf, daß sie aß. Als sie jedoch protestierte, den Teller wegstieß und dabei ihr Glas Milch umwarf, konnte er sich nicht mehr beherrschen. Er hob sie hoch, trug sie in ihr Zimmer, warf sie aufs Bett und knallte die Tür zu. Später machte er den folgenden Eintrag:

Datum	Situation	Auslösender Gedanke	Empfundene Wut	Geäußerte Wut	Folgen
12. 6.	Rachel naschte den ganzen Abend Chips und weigerte sich zu essen, was ich für sie gemacht hatte. Sie war mit nichts zufrieden und verschüttete Milch über den ganzen Tisch.	Du denkst nur an dich. Du hast die Milch aus Trotz verschüttet.	8	8	a) 5 – Sie war so wütend, daß ich sie in ihr Zimmer trug, daß sie den Grund gar nicht mitbekam. b) 3 – Ich fühle mich schrecklich nach meinem Wutanfall. Aber es war auch eine Erleichterung, ein wenig Ruhe zu finden, so daß ich mich abregen konnte.

4 Warum Kinder so sind, wie sie sind

Um zu verstehen, warum die Gedanken, die bei Eltern Wut auslösen, gefährlich sind, müssen wir zunächst verstehen, warum Kinder so sind, wie sie sind.

Unsere Studie zeigt, daß Auslöser, die am deutlichsten mit Wut zusammenhängen, auf Unterstellungen beruhen: «Du bist absichtlich gemein!», «Du nutzt mich aus!», «Du willst mich auf die Probe stellen!» sind einige Beispiele für *unterstellte Absicht*. Die meisten Eltern unterstellen ihrem Kind bestimmte Motive, wenn es unartig ist oder wenn sein Verhalten sie verwirrt. Oft nehmen sie an, das Kind wolle sie ärgern.

Sind Kinder wirklich unartig, weil sie ihre Eltern ärgern wollen? Wissenschaftler und Spezialisten für kindliche Entwicklung sind der Meinung, daß dies nur selten der Fall ist. Kinder kommen nicht oft auf die Idee, die Eltern zu quälen. Es scheint vielmehr vier wichtige Faktoren zu geben, die das Verhalten eines Kindes beeinflussen: 1. das Temperament des Kindes, 2. die dem Alter entsprechenden Verhaltensweisen und die entwicklungsbedingten Herausforderungen, mit denen das Kind in verschiedenen Altersstufen konfrontiert ist, 3. die Bedürfnisse des Kindes und die Strategien, die erforderlich sind, um die Bedürfnisse zu befriedigen, 4. die Verstärkung unerwünschter Verhaltensweisen.

Das Temperament

Jedes Kind ist einzigartig. Es wird mit einzigartigen körperlichen Merkmalen geboren (Haarfarbe, Augenfarbe, Form des Mundes, Größe der Nase, Körpergröße, Gewicht, Konstitutionstyp). Kinder unterscheiden sich auch sehr voneinander, was das Temperament betrifft. Mütter behaupten oft, jedes ihrer Kinder sei vom ersten Tag an «eigen» gewesen – und sie haben recht. Mit *Temperament* meinen wir die Art und Weise, wie das Kind auf seine Erfahrungen im Leben reagiert. Wie reagiert Ihr Kind auf Enttäuschungen? Kommt es schnell darüber hinweg, schmollt und weint es eine Weile, oder bekommt es einen Wutanfall, der mindestens eine Stunde dauert? Das Temperament, das es bei seiner Geburt (oder vorher) mitbekommen hat, bestimmt sein Verhalten.

Woraus besteht das Temperament?

Das Temperament spiegelt sich nicht in dem Verhalten wider, das ein- oder zweimal – zufällig – vorkommt, sondern in dauerhaften Verhaltensmustern. Das Temperament ist angeboren; es ist kein Produkt der Umwelt, Ihrer Reaktionen oder der Versuche des Kindes, Ihnen Reaktionen zu entlocken.

Wir können uns das Temperament eines Kindes als Gefüge aus neun verschiedenen Merkmalen vorstellen, die alle darüber bestimmen, wie das Kind auf Ereignisse reagiert und wie Sie auf das Kind reagieren. Jedes Kind besitzt alle neun Merkmale in unterschiedlichen Anteilen, und dieses einzigartige Gemisch entscheidet darüber, ob das Kind glücklich oder launisch, voller Energie oder ruhig, stur oder folgsam, leicht oder schwer erziehbar ist.

Die neun Merkmale des Temperaments sind unten aufgelistet (nach Turecki und Tonner 1985). Überlegen Sie beim Lesen, in welchem Umfang Ihr Kind über die einzelnen Merkmale verfügt.

- **Aktivität.** Wie aktiv oder unruhig ist das Kind normalerweise, schon in sehr frühem Alter? Wie oft bewegt es sich spontan? Wenn dieses Merkmal problematisch ist, ist das Kind zappelig, es ruht sich selten aus und will auf keinen Fall gebremst werden.

- **Stimmung.** Wie würden Sie die Grundstimmung des Kindes beschreiben? Ist es positiv und glücklich oder negativ, kleinlich und ernst? Wenn dieses Merkmal problematisch ist, ist das Kind griesgrämig und hat wenig Freude am Leben.

- **Aufgeschlossenheit/Zurückhaltung.** Wie reagiert das Kind auf neue Erfahrungen (Menschen, Essen, Orte, Kleider, Aktivitäten)? Ist es begeistert, oder zieht es sich ängstlich zurück? Wenn dieses Merkmal problematisch ist, ist das Kind schüchtern und weigert sich hartnäckig, Neues zu erforschen.

- **Rhythmus.** Wie regelmäßig ißt und schläft das Kind, wie regelmäßig ist sein Stuhlgang? Wenn dieses Merkmal problematisch ist, ist das Kind zu unvorhersehbaren Zeiten hungrig oder schläfrig, so daß Streit entsteht, wenn es zu bestimmten Zeiten essen und schlafen gehen muß.

- **Anpassungsfähigkeit.** Wie wird das Kind mit Veränderungen fertig? Wenn dieses Merkmal Probleme macht, wehrt das Kind sich heftig gegen Veränderungen, die seine Aktivitäten, seinen Tagesablauf oder seine Kleidung betreffen; es ist unflexibel und sehr wählerisch.

- **Wahrnehmungsschwelle.** Wie reagiert das Kind auf Veränderungen und Unterschiede in seiner Umgebung, auf Sinneseindrücke wie Geräusche, Licht, Gerüche, Geschmäcker, Schmerzen, Wetter, nasse Windeln? Ist es leicht erregbar? Wenn dieses Merkmal problematisch ist, reagiert es sehr empfindlich auf physische Reize und fühlt sich leicht belästigt – vom Geruch des Essens, von unbequemen Kleidern, von hellem Licht oder von Lärm.

- **Intensität der Reaktion.** Wie heftig oder laut reagiert das Kind auf positive und negative Reize? Wenn dieses Merkmal problematisch ist, ist das Kind laut und energisch, einerlei, ob es fröhlich, traurig oder wütend ist.

- **Aufmerksamkeit.** Wie leicht läßt das Kind sich ablenken, vor allem wenn es aufgeregt ist? Kann es aufmerksam sein? Wenn dieses Merkmal problematisch ist, fällt es ihm schwer, sich zu konzentrieren und aufzupassen, statt dessen träumt es vor sich hin und vergißt oft, was man ihm aufträgt.

- **Ausdauer.** Wie lange kann das Kind sich auf eine Aufgabe konzentrieren? Wenn es Freude an einer Aktivität hat, bleibt es lange dabei? Wenn es unglücklich ist, versucht es hartnäckig, seine Wünsche zu erfüllen? Wenn dieses Merkmal problematisch ist, ist das Kind sehr stur, will nicht aufgeben und hat vielleicht Wutanfälle, die eine Stunde dauern.

Es ist offensichtlich, daß diese biologischen Unterschiede das Leben des Kindes prägen. Und Sie können sich gewiß vorstellen, daß das Temperament eines Kindes auch die Reaktionen der Erwachsenen beeinflußt. Das gilt erst recht, wenn bei einem Kind eines oder mehrere der oben beschriebenen Merkmale Probleme verursachen oder wenn die Wechselwirkung zwischen einzelnen Merkmalen zu Schwierigkeiten führt. Ein extrem reizbares Kind (eine negative Qualität der Stimmung), das oft weint (niedrige Wahrnehmungsschwelle) und sich nur mühsam besänftigen läßt (schwer abzulenken), ist für Eltern anstrengender als ein Kind mit sonnigem Gemüt, das auf Reize weniger stark reagiert und sich leicht von unangenehmen Dingen ablenken läßt. Ein sehr aktives Kind stellt das Haus häufiger auf den Kopf und braucht mehr Aufsicht als ein sehr ruhiges Kind.

Wichtig ist auch, wie das Temperament der Eltern mit dem des Kindes harmoniert. Ein Kind, das immer heftig reagiert, ist für eine Mutter mit niedriger Wahrnehmungsschwelle oder trüber Stimmung noch schwerer erträglich. Ein sehr schüchternes, wenig aktives Kind kann einen Vater enttäuschen, der sehr aktiv und stets an Neuem interessiert ist.

Wir wissen immer noch nicht genau, ob diese Persönlichkeitsmuster vererbt werden oder ob die vorgeburtliche Umwelt den Fetus prägt. Wichtig ist, daß wir solche Merkmale nicht als «gut» oder «schlecht» abstempeln. Es sind einfach Unterschiede wie bei der Augen- oder Haarfarbe. Kinder legen sich kein bestimmtes Temperament zu, um ihren Eltern das Leben schwerzumachen. Sie werden damit geboren und müssen es ausdrücken, ob sie wollen oder nicht.

Alterstypische* Verhaltensweisen und Herausforderungen während der Entwicklung

Wenn Kinder heranwachsen, machen sie viele Entwicklungsstufen durch, wobei jede durch jeweils typische Verhaltensweise gekennzeichnet ist. Um zu verstehen, warum Ihr Kind so und nicht anders reagiert, müssen Sie sich mit diesen Phasen und Verhaltensweisen vertraut machen. Die meisten Eltern haben beispielsweise vom «schrecklichen zweiten Jahr» gehört und

* vgl. Arnold, W./Eysenck, H.J./Meili, R.: Lexikon der Psychologie, 3 Bd., Augsburg 1997

sind nicht sehr überrascht, wenn sie immer wieder das Wort
«Nein!» hören und das Kind (hoffentlich) weniger oft seinen
Koller bekommt. Viele Eltern wissen jedoch nicht, daß selbst
Kinder im Alter von zehn oder elf Monaten sich ähnlich verhalten können und dennoch völlig normal sind. Und wie steht es
mit Drei-, Fünf- oder Siebenjährigen? Welches Verhalten ist in
ihrem Alter typisch?

Da jedes Kind ein Individuum ist, seinen eigenen Charakter
hat und sich anders entwickelt als andere, können wir kein «typisches Verhalten» beschreiben, das zu jedem Kind genau paßt.
Das Temperament spielt eine sehr große Rolle, was das Er-
scheinungsbild vieler alterstypischer Verhaltensweisen betrifft.
Dennoch können wir einige allgemeine Aussagen zu den einzelnen Entwicklungsphasen machen, wie Sie in den folgenden Abschnitten sehen. (Die Informationen in diesen Abschnitten sind
den Büchern über alterstypische Verhaltensweisen von Louise
Ames, Frances Ilg und Carol Chase Haber entnommen, die Sie
im Literaturverzeichnis finden.)

Das einjährige Kind

Jack ist ein ziemlich typisches einjähriges Kind. Sein auffällig-
ster Charakterzug ist seine fast totale Egozentrik: Er nimmt alles und gibt nichts. Er will seinen eigenen Willen durchsetzen,
klammert sich an seinen Besitz und will alles für sich allein haben. Er kann einfach nicht teilen. Selbst in einer Gruppe spielt
er allein. Er ist störrisch und bekommt aus geringstem Anlaß
Wutanfälle. Da er schon aufrecht stehen und gehen kann, will
er die Welt entdecken; er schubst, stößt und schiebt alles, was er
in die Hände bekommt, und steckt es auch in den Mund.

Der Kampf um Selbstbestimmung ist die wichtigste Herausforderung in diesem Alter. Jack geht völlig darin auf, seine

Eltern auf die Probe zu stellen und seine eigenen Grenzen zu erkunden. Er ist trotzig, überaus impulsiv und kennt den Unterschied zwischen gut und böse nicht. Er sagt «nein» anstatt «ja» und «oben» anstatt «unten». Dennoch hängt er an seiner Mutter, bisweilen fast inbrünstig. Dies ist ein schwieriges Alter, einerlei, wie gut das Verhältnis zwischen Eltern und Kind ist. (Ames, Ilg, Haber 1982)

Das zweijährige Kind

Für die zwei Jahre alte Marisa ist das Leben ein wenig leichter als vor einem Jahr. Sie kann jetzt gehen, laufen und klettern und ihre Bedürfnisse klarer ausdrücken. Ihre auffälligsten Züge sind ihr hartnäckiges Streben nach Identität und ihre Unfähigkeit, sich zu entscheiden. Was das letztere betrifft, so ist dies wohl das schwierigste Alter. Kaum hat Marisa sich für eine Sache entschieden, will sie auch schon die andere haben. Sie hat ihre Stimme, ihre Gefühle, ihren Körper nicht im Griff. Immer noch erforscht sie die Welt, indem sie Dinge anfaßt, beschnuppert und in den Mund nimmt. Sie fragt «warum?», wann immer ihre Mutter etwas sagt; doch dies ist ein Verlangen nach mehr Informationen, nicht der Versuch, widerspenstig zu sein oder die Mutter zu ärgern. Sie ist gerne mit anderen Kindern zusammen, hat aber kein Mitgefühl und spielt häufiger neben den anderen als mit ihnen. Ihre Spielsachen teilt sie immer noch ungern.

Mit zweieinhalb ist Marisa gewalttätig und fordernd und neigt zu Gefühlsausbrüchen. Häufige Wutanfälle sind typisch. Sie will alles haben, was man ihr nicht gibt, und um ihren Willen durchzusetzen, spielt sie sogar die Mutter gegen den Vater aus. Sie quengelt, schlägt, tritt und boxt, um zu bekommen, was sie will. Das ist jedoch keine echte Aggressivität – sie drückt lediglich ihre Triebhaftigkeit aus. Sie kommandiert andere herum – nicht weil sie gemein sein möchte, sondern weil sie sich ihrer selbst nicht sicher ist. Die Welt ist groß und gefährlich, und sie fühlt sich sicherer, wenn sie wenigstens einen kleinen Teil dieser Welt (die Eltern) beherrschen kann. (Ames und Ilg 1976)

Das dreijährige Kind

Daniel ist ein typischer Dreijähriger. Am auffälligsten an ihm ist sein Wunsch nach Gemeinsamkeit, nach «Wir-Heit»: «Komm, wir spielen» ist sein Standardrefrain. Er will seiner Mutter im Haushalt helfen, mit ihr einkaufen, mit ihr spielen – er will ihr gefallen. Da er seinen Körper jetzt besser beherrscht, entwickelt er allmählich ein Gefühl für seine Fähigkeiten. Er ist viel weniger egoistisch und weniger von der Mutter abhängig. Daniel spielt gerne mit anderen Kindern und gibt ihnen manchmal sogar seine Spielsachen. Aber Wut und Enttäuschung drückt er immer noch körperlich aus. Er hat viele Phantasien und kann mitunter Vorstellung und Wirklichkeit nicht unterscheiden. Er hat einen imaginären Freund (der ihm gehorcht), und bisweilen gibt er vor, jemand anders zu sein.

Mit dreieinhalb Jahren wird das Leben für Daniel schwieriger. Das Streben nach Selbstbestimmung wird stärker. Er möchte seinen Willen stärken, er ist entschlossen und sehr selbstbewußt. Heftige Konflikte sind jetzt unvermeidlich; dennoch ist er seelisch sehr verwundbar, weil ihm immer klarer wird, daß er in seiner Einzigartigkeit auch von anderen getrennt ist. Er stottert, stolpert, lutscht am Daumen und fürchtet sich vor Dingen, die ihn früher nicht erschreckt haben. Wieder einmal bekämpft er seine Unsicherheit, indem er die Eltern kommandiert: «Nicht schauen!», «Lach nicht!», «Nichts sagen!» befiehlt er. (Ames und Ilg 1985)

Das vierjährige Kind

An der vierjährigen Sophie fällt besonders auf, daß sie gerne Regeln verletzt. Sie schlägt, tritt und spuckt, wenn sie sich ärgert, und versucht sogar, von zu Hause wegzulaufen, wenn es ihr dort nicht gefällt. Sie lacht übermütig, schreit laut, kann aber auch völlig still sein. Sie liebt viel und haßt viel, und ihre Gefühle schwanken heftig. Sie übertreibt und prahlt, und sie mag schmutzige Worte und besonders den Gesichtsausdruck der Eltern, wenn sie diese Worte benutzt.

Sophie taucht immer noch gerne in eine Phantasiewelt ein und erzählt ständig Geschichten. Aber sie lügt nicht; sie lernt, Realität und Phantasie zu unterscheiden. Allerdings lügt sie manchmal, um nicht bestraft zu werden – wenn sie der Meinung ist, ihre Missetat sei schlimmer als Lügen. Sie glaubt, daß ihr gehört, was sie sich nimmt, aber sie ist keine Diebin. Sophie ist oft grob zu ihren Eltern – sie fordert die Autorität der Mutter und des Vaters heraus und möchte wissen, wie unabhängig sie sein darf. Was Moral ist, versteht sie nicht; sie gehorcht aus Angst vor Strafe. Zu ihren Geschwistern ist sie aggressiv, und darum läßt ihre Mutter sie lieber nicht mit dem Baby allein. Es klingt zwar paradox, aber Sophie liebt immer noch Grenzen, weil sie ihren Freiheitsdrang mitunter selbst unheimlich findet. (Ames und Ilg 1976)

Das fünfjährige Kind

Für Max, einen typischen Fünfjährigen, ist es offenbar eine große Herausforderung, brav zu sein. Er bemüht sich stark darum, und meist gelingt es ihm auch. Die Mutter ist für ihn der Mittelpunkt der Welt; er möchte es ihr recht machen, bei ihr sein, ihr helfen. Er ist jetzt ruhiger und mehr an der vertrauten

Umgebung interessiert als an neuen, seltsamen, aufregenden Dingen. Er ist sicherer, ernster und macht sich wenig Sorgen.

Mit fünfeinhalb wird die Unabhängigkeit wieder zum Problem. Max ist aufdringlich, streitlustig und widerspenstig. Er lehnt sich nicht immer offen auf, sondern trödelt – das Ergebnis ist das gleiche. Er hat Wutanfälle und schmollt; manchmal klagt er über Kopfweh, Schnupfen und Magenbeschwerden. Vor allem braucht er Sicherheit. Er fragt oft: «Hast du mich lieb?»

Das sechsjährige Kind

Was an der sechsjährigen Olivia am meisten ins Auge fällt, ist ihre Ambivalenz. Einerlei, was sie tut, sie tut das Gegenteil genauso gern. Einerlei, was sie will, sie will auch das Gegenteil. Sie ändert ständig ihre Meinung, wenn es um Kleinigkeiten geht. Was wichtigere Angelegenheiten betrifft, so fällt es ihr schwer, sich zu entscheiden; aber sobald sie sich entschieden hat, ändert sie ihre Meinung nur ungern. Olivia steht ihrer Mutter näher als in jedem anderen Alter; doch auch diese Beziehung ist sehr ambivalent. Sie beginnt sich von der Mutter zu lösen und will unabhängig sein; aber sie sucht auch die Nähe. Immer wenn etwas schiefgeht, bekommt die Mutter es zu spüren.

Ihre sich entwickelnde Unabhängigkeit löst große Ängste aus. Um damit fertig zu werden, versucht Olivia verzweifelt, alles im Griff zu haben: Sie will die Beste und die Erste sein, aus allem das Beste machen, geliebt und gelobt werden. Sie kann es nicht ertragen zu verlieren, wenn sie eine Situation als Wettstreit empfindet, und sie will, daß man sie unablässig beachtet. Auf Kritik reagiert sie äußerst empfindlich. Man kann ihre Gefühle leicht verletzen, und sie weint gleich, wenn sie Kummer oder Schmerzen hat. Sie ist richtig frech und nicht immer ehrlich. Außerdem ist sie widerspenstig, gewalttätig und laut. Daß sie dennoch unsicher ist, verrät ihre Frage: «Hast du mich noch lieb, obwohl ich böse war?» Wenn sie spielt, geht es stürmisch zu, weil ihr Bedürfnis, die Beste zu sein, Schwierigkeiten heraufbeschwört. Jüngere Geschwister kommandiert sie herum; sie streitet, neckt, erschreckt, schikaniert, quält, wird wütend und schlägt. (Ames und Ilg 1979b)

Das siebenjährige Kind

An Jason, einem typischen Siebenjährigen, fällt uns zuerst seine Beharrlichkeit auf. Er widmet sich einer Aufgabe so lange, bis er mit dem Ergebnis zufrieden ist oder bis jemand ihn unterbricht. Er verlangt viel von sich selbst – oft zuviel. Er will vollkommen sein und schämt sich, wenn er Fehler macht. Siebenjährige sind meist zurückhaltend, ruhig und in sich gekehrt. Jason lebt in der Welt seiner Gedanken; er beobachtet die äußere Welt und denkt dann darüber nach, was er gesehen hat. Daß er ein Einzelgänger ist, zeigt sich vor allem in schwierigen Situationen. Er macht sich über alles Sorgen, mehr als in jedem anderen Alter. Er hat Angst, zu spät in die Schule zu kommen (obwohl er nie zu spät kommt), er hat Angst vor einem Krieg, er hat Angst, daß jemand stirbt. Er fürchtet sich im Dunkeln.

Jason kann viele Leute nicht leiden; er hält sie für gemein oder unfreundlich. Er glaubt, daß Vater und Mutter seine Geschwister mehr lieben als ihn. «Niemand mag mich – am liebsten wäre ich tot», hört man ihn gelegentlich sagen. Typisch für ihn ist die gerunzelte Stirn. Er bricht zwar leicht in Tränen aus, schämt sich aber, wenn er vor anderen weint. Wenn man ihn enttäuscht, schmollt er – das ist in diesem Alter ebenso normal wie seine Launenhaftigkeit. (Ames und Haber 1976)

Das achtjährige Kind

Devon ist eine typische Achtjährige. Besonders auffällig an ihr ist ihr hohes Tempo. Sie saust im Haus und im Garten herum, ißt schnell, liest schnell, spricht schnell, spielt schnell. Sie ist aufgeschlossen und möchte, daß man sie beachtet. Zwischenmenschliche Beziehungen interessieren sie sehr, und die Familie ist ihr wichtig. Am innigsten ist jedoch ihr Verhältnis zur Mutter. Von ihr kann sie offenbar nie genug Zuneigung bekommen; sie vereinnahmt sie, will ständig mit ihr zusammen sein und ist obendrein eifersüchtig, was ihre Beziehung zu den Geschwistern trübt. Devon ist kritisch gegenüber anderen und noch mehr gegenüber sich selbst. Sie ist sich ihrer Schwächen allzusehr bewußt und macht sich deswegen Vorwürfe. Andere beurteilt sie ebenfalls sehr kritisch, und sie ist streitlustig und aggressiv, vor allem gegenüber der Mutter. Dennoch ist sie leicht verletzlich und reagiert empfindlich, wenn andere sie kritisieren. (Ames und Haber 1989)

Das neunjährige Kind

Für Ryan, einen typischen Neunjährigen, steht die Mutter nicht mehr im Mittelpunkt. Konnte er bisher kaum genug von ihr bekommen, so lehnt er sie jetzt bisweilen ab. Oft ist er so sehr mit sich selbst beschäftigt, daß er ihr gar nicht zuhört – sie ist mehr oder weniger Luft für ihn. Wenn sie von ihm verlangt, sauber und ordentlich zu sein, wird er unwillig. Auch seine Distanz zum Vater ist größer geworden, und er kann es nicht leiden, wenn man ihn herumkommandiert. Er lehnt sich gegen die Autorität der Eltern auf, indem er Anordnungen ignoriert oder murrend befolgt. Er zankt und schimpft oft und wehrt sich sogar mit Händen und Füßen.

Ryan faßt eigene Entschlüsse und will sie auf seine Weise und in seinem Tempo ausführen. Er nimmt sich selbst sehr ernst und will alles richtig machen – nicht nur, um dafür gelobt zu werden, sondern auch um der inneren Befriedigung willen. Seine Willenskraft ist stark. Er hat Stimmungsschwankungen, und niemand kann seine Reaktionen voraussagen. Er macht sich Sorgen und hat viele Klagen. Was fair oder unfair ist, weiß er ganz genau. In diesem Alter sind individuelle Unterschiede deutlicher als vorher. Manche Kinder schätzen beispielsweise Geld, andere interessieren sich nicht dafür. Manche haben einen guten Appetit, andere wollen gar nicht essen. Manche verabscheuen gewalttätige Filme, andere lieben sie. Manche sind geschickt mit den Händen, andere sind tolpatschig. (Ames und Haber 1990)

Der Umgang mit Kindern und ihren Bedürfnissen

Das stärkste Motiv des Kindes ist sein Wunsch, zu seiner Familie zu gehören (Dreikurs 1964, Dinkmeyer und McKay 1983). Es ist wichtig, daß die Eltern dieses Bedürfnis nach Zugehörigkeit und die Rolle des Kindes in der Familie beachten und würdigen. Mit anderen Worten: Das Kind braucht das Gefühl, als Person wichtig zu sein. Dies ist die Quelle jeder Sicherheit, und darum zielt alles, was das Kind tut – auch sein Fehlverhalten –, darauf ab, seinen Platz und seine Bedeutung in der Familie zu finden. Schon sehr kleine Kinder beobachten ihre Familie, um herauszufinden, wohin sie gehören. Wie sie versuchen, Anerkennung zu erwerben, hängt unter anderem von ihren Fähigkeiten, ihren Eindrücken, ihrer Umwelt und ihrer Rolle in der Familie ab.

Kinder sind meist ausgezeichnete Beobachter. Leider können sie Ereignisse nicht immer richtig deuten, und das kann zu Mißverständnissen darüber führen, wie man es am geschicktesten anstellt, beachtet zu werden.

Brian war gerade vier, als seine Schwester Becky geboren wurde. Er merkte genau, daß Becky viel Zuwendung erhielt, wenn sie weinte oder in die Windeln machte. Er wußte, daß diese Aufmerksamkeit bisher allein ihm gegolten hatte, und zog daraus den falschen Schluß, daß er für die Familie nicht mehr wichtig war und sich seinen Platz zurückerobern mußte. Also beschloß er, sich so wie das Baby zu verhalten: Er weinte, quengelte und machte sich naß. Diese «Ungezogenheit» oder «Regression» war für ihn das Mittel, um sein Ziel zu erreichen.

Die Familie mit ihren Wertvorstellungen und Normen beeinflußt auch die Methode, die ein Kind anwendet, um beachtet zu werden. Brians Eltern legten großen Wert auf Bildung, und das machten sie ihm immer wieder klar. Mit der Zeit kam Brian zu der falschen Überzeugung, daß Erfolg der *einzige* Weg sei, sich Respekt zu verschaffen, und er versuchte, im Spiel und in der Schule der Beste zu sein. Dabei strengte er sich sehr an und machte sich große Sorgen.

Die Rolle in der Familie ist ebenfalls sehr wichtig. Für die kleine Becky war Brian der «gute Schüler», der viel zuviel arbeiten mußte, und sie hatte keine Lust, sich ebenso abzurackern. Da die Rolle des guten Schülers bereits besetzt war, blieb für sie nur die Rolle der «schlechten Schülerin» übrig, die intelligent ist und dennoch versagt. Hätte Becky ein anderes Temperament gehabt (sie ließ sich leicht ablenken und hatte wenig Ausdauer), hätte sie vielleicht versucht, ihren älteren Bruder zu übertreffen und ihn seiner Rolle zu berauben.

Wenn Kinder das Gefühl haben, daß die Familie sie wegen ihrer Fähigkeiten und ihrer Mithilfe schätzt und anerkennt, gedeihen sie gut. Der dreijährige Jamie hat dieses Gefühl. Wenn sein Vater im Gemüsegarten arbeitet, holt Jamie seine kleine Schaufel und hilft beim Graben. Mit seiner Mutter sucht er das Gemüse fürs Essen aus und bringt es zum Tisch, wenn es gar ist. Nach dem Essen entschuldigt er sich und trägt seinen Teller in die Küche. Seine Eltern zeigen ihm, daß sie seine Hilfe schätzen. Sie zeigen ihm zwar auch die Grenzen, wenn er ihre Autorität in Frage stellt; aber sie wissen, daß es völlig normal ist, wenn er unabhängig werden will. Unter solchen Bedingungen kann Jamie sich gut entwickeln.

Leider lassen Kinder sich in ihrem natürlichen Streben nach Respekt oft leicht entmutigen. Sie sehnen sich danach, ein wichtiges Mitglied der Familie zu sein, wissen aber nicht, wie sie sich Bedeutung verschaffen können. Die dreijährige Sarah ist schon ziemlich entmutigt. Sie will ihrer Mutter im Haushalt helfen, aber jedesmal, wenn sie ihre Hilfe anbietet, lehnt die Mutter ab. Nein, du bist zu klein, um zu kehren. Nein, du zerbrichst das Geschirr, wenn du Staub wischst. Nein, du machst zuviel Unordnung in der Küche. Und wenn Sarah ihre Eltern auf die Probe stellt, wird sie bestraft und wie ein böses Kind behandelt. Sarah merkt, daß ihre Bemühungen weder anerkannt noch geschätzt werden. Sie hat nicht das Gefühl, so richtig zur Familie zu gehören und für sie wichtig zu sein.

Drei falsche Ziele

Wenn ein Kind bei seinem Versuch scheitert, mitzuhelfen und dafür von der Familie respektiert zu werden, befriedigt es sein Bedürfnis nach Anerkennung auf andere Weise, denn nur so kann es Sicherheit und Selbstachtung erlangen. Ein enttäuschtes Kind bemüht sich, von den Eltern beachtet zu werden, sich eine Machtposition aufzubauen – oder sich zu rächen.

Aufmerksamkeit

Wenn Sarahs Bemühungen, etwas für die Familie zu tun, nicht anerkannt werden, versucht sie möglicherweise, durch ungezogenes Benehmen Aufmerksamkeit zu erregen. Aufmerksamkeit um der Aufmerksamkeit willen tritt an die Stelle nützlicher Beiträge. Steht sie im Mittelpunkt der Aufmerksamkeit, dann fühlt sie sich ein wenig anerkannt und dazugehörig. Dieser Irrtum bestimmt dann weitgehend ihr Verhalten. Sie will unbedingt beachtet werden und versteht es bald sehr geschickt, die Familie in Aufruhr zu versetzen.

Macht

Die verzweifelten Versuche eines Kindes, im Mittelpunkt der Aufmerksamkeit zu stehen, stoßen meist auf Unverständnis. Manche Eltern versuchen, es gewaltsam davon abzuschrecken – und das Kind muß erneut nach einer anderen Lösung suchen. Wenn Sarah beobachtet, wie mächtig die Eltern sind, versucht sie vielleicht, ebenfalls Macht zu erlangen und dadurch Anerkennung zu finden. Sie fühlt sich stärker, wenn sie ungehorsam ist und Regeln bricht, und mit der Zeit kann daraus ein erbitterter Machtkampf werden. Da Sarahs positive Beiträge nicht anerkannt wurden und auch das offene Werben um Beachtung fruchtlos blieb, hält sie Macht für die einzige Lösung.

Rache

Wenn Eltern ihre Autorität bedroht sehen, verschärfen sie oft den Machtkampf und greifen sogar zu körperlicher Gewalt. Wenn die Situation eskaliert, fühlt das Kind sich noch mehr entmutigt. Seine Bemühungen, Aufmerksamkeit zu erregen und sich nützlich zu machen, wurden nicht honoriert. Ein Kind, das sich verletzt fühlt und wütend ist, zieht daraus mitunter den Schluß, daß man es nur zur Kenntnis nimmt, wenn es sich wehrt. Also beschließt es, sich zu rächen. Jedesmal, wenn es sich ungerecht behandelt fühlt, versucht es seinerseits, den Eltern weh zu tun.

Andere Bedürfnisse

In allen bisherigen Beispielen können wir in der «Unartigkeit» des Kindes den Versuch sehen, ein grundlegendes Bedürfnis zu befriedigen: sich wichtig zu fühlen, einen Platz in der Familie einzunehmen, dazuzugehören und anerkannt zu werden. Um das zu erreichen, tut das Kind alles, was es für notwendig hält. Es gibt jedoch noch weitere fundamentale Bedürfnisse: Schlafen, Essen, Ausruhen, Zuwendung (Umarmungen, Küsse), Sicherheit (durch klare Regeln), Autonomie. Diese Bedürfnisse verändern sich von Jahr zu Jahr, von Tag zu Tag, von einer Minute zur anderen.

Obwohl diese Bedürfnisse wahrscheinlich nicht die Ursache ständig wiederkehrender Probleme sind, können auch sie das Verhalten des Kindes beeinflussen. Wenn das Kind müde ist, befolgt es Anordnungen der Eltern weniger bereitwillig; es gibt schneller auf und wird leichter nervös. Hunger kann eine ähnliche Wirkung haben. Eltern, die auf solche elementaren, alltäglichen Bedürfnisse achten, können die tieferliegenden Bedürfnisse eher befriedigen.

May ging beispielsweise immer abends einkaufen. Sie holte Scott von der Vorschule ab und fuhr mit ihm zum Supermarkt. Fast jeder Einkauf war ein Alptraum: Scott bestand darauf, sich an die Seite des Einkaufswagens zu hängen oder, schlimmer noch, ihn selbst zu schieben und zwischen den Regalen Rennfahrer zu spielen. Er holte irgendwelche Waren aus den Regalen oder entfernte sich und kam nicht zurück, wenn May ihn rief. Eines Tages öffnete die frustrierte Mutter eine Packung Kräcker und gab Scott ein paar zu essen. Er wurde wesentlich ruhiger. Er war hungrig.

Scott legte dieses Verhalten nicht völlig ab, wenn sein Hunger gestillt wurde, aber seine Mutter kam dann viel besser mit ihm zurecht. Jetzt konnte sie sich den tieferliegenden Bedürfnissen ihres Sohnes zuwenden, die er in seinem Verhalten ausdrückte.

Verstärkung

Wenn Sie ein Kind dafür belohnen, daß es sein Spielzeug aufgeräumt hat, ist die Wahrscheinlichkeit größer, daß es das nächste Mal ebenfalls aufräumt. Das ist bekannt. Weniger bekannt ist, daß ein Kind sich ein Verhalten allmählich abgewöhnt, wenn man dieses Verhalten ignoriert. Menschen streben von Natur aus nach Lust und meiden Schmerzen. Ein Kind lernt sehr früh, daß Lust etwas mit der Mutter zu tun hat, die es pflegt. Dadurch wird die Mutter selbst mit der Zeit zu einer Art Belohnung und kann das Verhalten eines Kindes schon dadurch verstärken, daß sie es zur Kenntnis nimmt. Das geschieht, wenn sie positiv reagiert: mit einem Lächeln, einem Nicken, einer bekräftigenden oder freundlichen Bemerkung. Es geschieht auch, wenn die Reaktion negativ ist: Schreien, Schelten oder gar Schläge.

Wenn positive Reaktionen fehlen, empfindet ein Kind auch negative Reaktionen als Verstärkung. Es ist also schwierig, ein Kind zu erziehen, weil selbst negative Reaktionen auf das Fehlverhalten verstärkend wirken und das Kind veranlassen, das falsche und unerwünschte Verhalten zu wiederholen. Es kann sein, daß Sie das Fehlverhalten Ihres Kindes verstärken, ohne es zu wissen. Die beinahe einzige Möglichkeit, ein Verhalten nicht zu verstärken, besteht darin, es vollständig zu ignorieren (eine Alternative besprechen wir in Kapitel 7).

Identifikation ist eine weitere Möglichkeit, das Verhalten eines Kindes unwissentlich zu verstärken. Es kommt sehr häufig vor, daß Kinder ihre Eltern nachahmen. Wenn Ihr Kind imitiert, was Sie sagen und tun, so empfindet es dieses Verhalten als Belohnung und wird darin bestärkt. Ein Kind, das mit Drogen experimentiert, wird möglicherweise durch den großzügigen Alkoholkonsum seiner Eltern ermutigt, und Eltern, die im Hotel einen Aschenbecher oder ein Handtuch «mitgehen lassen», können dadurch eine Neigung zum Ladendiebstahl bei ihrem Kind verstärken. Wenn Eltern sich eine billigere Fahrkarte oder Eintrittskarte erschwindeln, indem sie das Alter ihres Kindes falsch angeben, hat das Kind den Eindruck, lügen sei erlaubt.

Wodurch verstärken Sie ein Verhalten?

Als Mutter oder Vater sollten Sie wissen, wodurch Sie möglicherweise ein unerwünschtes Verhalten Ihres Kindes verstärken. Eine kurze Übung kann Ihnen dabei helfen.

Zeichnen Sie auf einem Papier eine senkrechte Linie. Notieren Sie links das unangenehmste und auffälligste Fehlverhalten Ihres Kindes und rechts Ihre typischen Reaktionen darauf. Denken Sie nun sorgfältig darüber nach, welche Reaktion Ihr Kind als Belohnung auffassen könnte. Es genügt ein Lächeln, das mahnende Worte begleitet, der spontane Gedanke, daß der Apfel eben nicht weit vom Stamm fällt, oder eine Standpauke, die dem Kind den Eindruck vermittelt, zum erstenmal während des ganzen Tages beachtet zu werden.

Fragen Sie sich dann, wodurch das Kind sich sonst noch belohnt fühlen könnte. Verringert das Verhalten seine Angst, verschafft es ihm die Aufmerksamkeit seiner Freunde, ist es ein Vorwand, um etwas Unangenehmes zu vermeiden? Macht das falsche Verhalten Spaß? Fühlt das Kind sich Ihnen näher, wenn es sich so verhält, und könnte es sein, daß es Sie imitiert? Hat das Fehlverhalten Folgen? Wenn nicht, hat das Kind keinen

Grund, damit aufzuhören. Hat es manchmal Folgen und manchmal nicht? Wenn ja, geht das Kind das Risiko wahrscheinlich ein und hofft darauf, diesmal «davonzukommen».

Typische Probleme, mit denen Eltern konfrontiert sind

Der Fragebogen, den Sie in Kapitel 2 ausgefüllt haben, enthielt fünfzig Beispiele für problematische Situationen, die bei Eltern eine wütende Reaktion auslösen können. In unserer Studie wurden zwanzig dieser Problemsituationen signifikant häufiger von Eltern genannt, die öfter und heftiger in Wut geraten. (In der folgenden Liste entsprechen die Zahlen in Klammern den Zahlen im Fragebogen, den Sie ausgefüllt haben.)

1. (2.) Sie bitten Ihr Kind, etwas zu tun, aber es gehorcht nicht.

2. (7.) Ihr Kind tut etwas, ohne um Erlaubnis zu fragen (z.B.: Es spielt mit einem Gegenstand oder geht aus dem Haus).

3. (8.) Sie sagen Ihrem Kind, daß es etwas tun soll, und es antwortet: «Das habe ich schon gemacht.» Aber Sie wissen, daß das nicht stimmt.

4. (13.) Ihr Kind will beim Einkaufen oder zu Hause etwas haben; es schreit und kreischt, wenn Sie nein sagen.

5. (14.) Ihr Kind schreit seine Geschwister an.

6. (16.) Ihr Kind stört Sie bei der Arbeit oder bei einer Unterhaltung.

7. (18.) Ihr Kind macht absichtlich Dinge kaputt.

8. (19.) Ihr Kind gehorcht Ihnen vor anderen Leuten nicht.

9. (20.) Ihr Kind benutzt schmutzige Worte, wenn es mit Ihnen spricht.

10. (23.) Ihr Kind lügt.

11. (25.) Ihr Kind ist beim Spielen zu laut.

12. (28.) Ihr Kind nimmt Dinge, die ihm nicht gehören.

13. (29.) Ihr Kind will nicht antworten, wenn Sie ihm eine Frage stellen.

14. (31.) Ihr Kind will etwas sofort haben.

15. (33.) Ihr Kind läßt andere nicht mit seinen Sachen spielen.

16. (34.) Ihr Kind unterbricht Sie, wenn Sie sich mit jemandem unterhalten.

17. (36.) Ihr Kind faßt ständig Waren an, wenn Sie mit ihm einkaufen gehen.

18. (39.) Ihr Kind schreit, kreischt und/oder rauft während einer Autofahrt.

19. (44.) Ihr Kind erfüllt seine Pflichten nicht.

20. (45.) Ihr Kind ist unartig, obwohl Sie einen harten Tag hinter sich haben.

Was solche Situationen besonders unerträglich macht, sind auslösende Gedanken, die Absicht unterstellen, übertreiben oder das Kind oder sein Verhalten abwerten. Sie können Ihre Wut viel besser zügeln, wenn Sie diese Auslöser durch eine neue Interpretation des kindlichen Verhaltens ersetzen – wenn Sie versuchen, sein Temperament, sein alterstypisches Verhalten, sein Bedürfnis nach Zugehörigkeit und Anerkennung sowie die Rolle der Verstärkung zu verstehen. Diese neue und genauere Interpretation hilft Ihnen, sich von der Vorstellung zu lösen, das Kind sei schlecht und benehme sich schrecklich. Sie hilft Ihnen auch, ruhig zu bleiben und das Problem auf eine Weise zu lösen, die Sie hinterher nicht bereuen müssen.

Auf den folgenden Seiten finden Sie eine Analyse aller zwanzig Problemsituationen. Benutzen Sie diese Seiten zum Nachschlagen und um Verhaltensweisen aufzuspüren, die in Ihrer Familie vorkommen. (Die Zahlen beziehen sich auf die obige Liste und auf den Fragebogen.) Bei jeder Problemsituation ist ein typischer Auslöser angegeben, gefolgt von einer alternativen Interpretation des kindlichen Verhaltens, die das Temperament, das alterstypische Verhalten, Bedürfnisse und Verstärkungen berücksichtigt. Diese Faktoren helfen Ihnen, das Verhalten Ihres Kindes anders zu deuten, so daß es bei Ihnen keine Wut auslöst.

In den Beispielen wird vorausgesetzt, daß das problematische Verhalten immer wieder vorkommt und kein ungewöhnliches oder zufälliges Ereignis ist. Die Regelmäßigkeit liefert den Schlüssel zum Verständnis der Rolle, die das Temperament und das Bedürfnis des Kindes nach Anerkennung spielen.

Wenn Sie die Seiten gelesen haben, die für Sie einschlägig sind, sollten Sie die auf Seite 112 beschriebene Übung machen. Sie hilft Ihnen, auch in Zukunft Ihre Wut auf Ihr Kind zu zügeln, indem Sie das in diesem Kapitel erworbene Wissen nutzen.

1. (2.) Sie bitten Ihr Kind, etwas zu tun, aber es gehorcht nicht.

Typische auslösende Gedanken

Unterstellte Absicht: «Das tust du aus Trotz.»
Übertreibung: «Das ist furchtbar.»
Herabsetzung: «Du bist ein ungezogenes Kind.»

Alternative Erklärungen

Temperament: Ein sehr aktives Kind ist möglicherweise zu beschäftigt, um zu tun, was Sie ihm sagen. Wenn es sich leicht ablenken läßt, fällt es ihm schwer, sich an den Auftrag zu erinnern oder ihn zu beenden. Ein wenig anpassungsfähiges Kind hat ebenfalls Schwierigkeiten, wenn es etwas anderes tun soll. Und ein ausdauerndes Kind versucht möglicherweise hartnäckig, Sie mit seinem Ungehorsam herauszufordern.

Alterstypisches Verhalten: Da Kinder nach Selbständigkeit streben, ist es ganz normal, daß sie ihren Eltern nicht immer gehorchen. Das gilt besonders für die zweite Hälfte jedes Lebensjahres (zweieinhalb, dreieinhalb). Kinder, deren Verlangen nach Unabhängigkeit immer wieder abgeblockt wird, spüren diesen Drang oft noch deutlicher und fordern daher die Eltern noch häufiger heraus.

Bedürfnisse: Dieses Verhalten läßt auf unbefriedigte grundlegende Bedürfnisse schließen. Vielleicht sind die positiven Beiträge des Kindes nicht beachtet worden, und es versucht jetzt, seine Macht zu vergrößern. Das würde seinen alterstypischen Trotz verstärken.

Verstärkung: Wenn Sie das Kind bisher darin bestärkt haben, sich Ihren Anordnungen zu widersetzen, reagiert es möglicherweise nur auf diese Erfahrung. Angenommen, Sie resignieren nach fünf Minuten, wenn das Kind Ihnen nicht gehorcht, und erledigen eine Arbeit selbst – dann verstärken Sie sein Verhalten. Wenn Sie lange schimpfen, hat das Kind vielleicht das Gefühl, endlich die Aufmerksamkeit zu erhalten, die es braucht. Oder bittet das Kind Sie häufig um einen Gefallen, und Sie weigern sich? In diesem Fall kann es sein, daß das Kind dieses verstärkende Verhalten imitiert.

2. (7.) Ihr Kind tut etwas, ohne um Erlaubnis zu fragen (z. B.: Es spielt mit einem Gegenstand oder geht aus dem Haus).

Typische auslösende Gedanken
Unterstellte Absicht: «Du weißt, daß es falsch ist, und tust es trotzdem, absichtlich.»
Übertreibung: «Ich hasse es, wenn du das tust.»
Herabsetzung: «Du bist ungezogen.»

Alternative Erklärungen
Temperament: Für ein leicht abzulenkendes Kind ist es schwer, sich daran zu erinnern, daß es um Erlaubnis bitten muß, und es vergißt, ob es bereits gefragt hat. Bei sehr aktiven Kindern, die keine Angst vor neuen Situationen haben, ist dieses Verhalten ebenfalls natürlich.

Alterstypisches Verhalten: Wenn Kinder nach Autonomie und Unabhängigkeit streben, verletzen sie Regeln und fordern die Autorität der Eltern heraus. Es ist also normal, wenn sie etwas tun, ohne um Erlaubnis zu fragen. Zwei- bis Fünfjährige wollen alles anfassen, sie lieben neue Dinge und neue Herausforderungen und glauben, daß alles, was sie sich nehmen, ihnen gehört.

Bedürfnisse: Wenn es einem Kind nicht gelingt, sich durch seine Leistungen Respekt zu verschaffen, versucht es, dieses Bedürfnis auf andere Weise zu befriedigen. Vielleicht kämpft es um Macht und fordert daher Ihre Autorität immer wieder heraus. Das verstärkt das alterstypische Streben nach Selbständigkeit.

Verstärkung: Wenn Sie glauben, daß Sie Sachen Ihres Kindes nach Belieben benutzen dürfen, kann es sein, daß das Kind dieses Verhalten imitiert und mit Ihren Sachen spielt, ohne Sie zu fragen. Wenn Sie geduldet haben, daß das Kind gelegentlich das Haus verläßt, ohne vorher zu fragen, haben Sie sein Verhalten verstärkt, und das Kind hält es für erlaubt. Aber auch eine negative Reaktion kann das Kind in seinem falschen Verhalten bestärken, vor allem wenn es ansonsten wenig Zuwendung erhält.

3. (8.) Sie sagen Ihrem Kind, daß es etwas tun soll, und es antwortet: «Das habe ich schon gemacht.» Aber Sie wissen, daß das nicht stimmt.

Typische auslösende Gedanken

Unterstellte Absicht: «Das tust du, um mich zu ärgern.»
Übertreibung: «Das halte ich nicht aus.»
Herabsetzung: «Du bist so ungezogen.»

Alternative Erklärungen

Temperament: Dieses Verhalten ist vor allem bei jenen Kindern zu beobachten, die sich leicht ablenken lassen oder ausdauernd sind. Ein Kind, das vergeßlich ist und sich leicht ablenken läßt, glaubt manchmal sogar, es hätte seinen Auftrag erledigt, obwohl es nicht stimmt. Es kann auch sein, daß ein sehr beharrliches Kind bei seiner Geschichte bleibt, obwohl sie widerlegt ist.

Alterstypisches Verhalten: Kinder aller Altersstufen fordern die Autorität der Eltern heraus, um unabhängiger zu werden. Vor allem Vierjährige, die von Natur aus gerne Grenzen überschreiten, lügen, wenn sie dadurch Strafe oder Tadel vermeiden können. Bei Fünfeinhalbjährigen ist dies eine alterstypische Auflehnung, und wenn Sechsjährige lügen – meist geht es dabei um ihre Leistungen –, wollen sie oft die Besten sein.

Bedürfnisse: Dieses Verhalten läßt darauf schließen, daß das Kind seine Macht vergrößern möchte, um beachtet zu werden, oder daß es versucht, Minderwertigkeitsgefühle zu überwinden. Müdigkeit kann bei diesem Verhalten ebenfalls eine Rolle spielen.

Verstärkung: Wenn das Kind Macht demonstrieren will, sollten Sie sein Verhalten nicht dadurch verstärken, daß Sie sich auf einen Machtkampf einlassen.

4. (13.) Ihr Kind will beim Einkaufen oder zu Hause etwas haben; es schreit und kreischt, wenn Sie nein sagen.

Typische auslösende Gedanken

Unterstellte Absicht: «Du machst mich lächerlich.»
Übertreibung: «Ich halte das nicht aus.»
Herabsetzung: «Dir ist jedes Mittel recht.»

Alternative Erklärungen

Temperament: Dieses Verhalten wird vor allem durch die Stimmung, die Intensität der Reaktion und die Ausdauer beeinflußt. Ein eher ernstes Kind, das selten zufrieden ist, reagiert heftiger auf Enttäuschungen als ein fröhliches Kind. Wenn es zudem noch ausdauernd ist, schreit es laut und lang.

Alterstypisches Verhalten: Wenn Kinder etwas haben wollen, dann wollen sie es sofort. Und wenn sie enttäuscht sind, zeigen sie ihre Unzufriedenheit so, wie es ihrem Alter gerecht ist. Außerdem wissen sie recht gut, wie sie bekommen, was sie wollen. Das frustrierte Kreischen eines Zweijährigen ist beispielsweise die Folge seiner normalen Unfähigkeit, seine Reaktionen zu steuern. Bei Vierjährigen sind verbale Entgleisungen eine natürliche Reaktion. Außerdem sind Regeln und Grenzen für ein Kind, das nach Unabhängigkeit strebt, eine Herausforderung.

Bedürfnisse: Bevor Kinder sich gewandt mit Worten ausdrücken können, sind Schreien und Kreischen die üblichen Methoden, mit Enttäuschungen fertig zu werden. Wenn Kinder älter werden, sind sie imstande, Gefühle in Worte zu fassen, und Schreien deutet dann auf Machtkämpfe mit den Eltern hin.

Verstärkung: Dieses Verhalten können Sie sehr leicht verstärken, indem Sie dem Koller des Kindes nachgeben. Selbst wenn das selten vorkommt, lernt das Kind, daß es bekommt, was es will, wenn es lange genug schreit. Wenn das Kind sieht, daß Sie in Situationen der Wut oder Frustration schreien oder kreischen, kann es sein, daß es sie lediglich imitiert.

5. (14.) Ihr Kind schreit seine Geschwister an.

Typische auslösende Gedanken

Unterstellte Absicht: «Du willst mich auf die Probe stellen.»
Übertreibung: «Dieses Benehmen ist unentschuldbar.»
Herabsetzung: «Du kannst dich nicht beherrschen.»

Alternative Erklärungen

Temperament: Stimmung, Anpassungsfähigkeit, Wahrnehmungsschwelle und Stärke der Reaktion beeinflussen dieses
Verhalten. Ein launisches, selten zufriedenes Kind, das mit Enttäuschungen und Veränderungen nicht zurechtkommt, drückt
seine Frustration häufiger auf diese Weise aus. Noch größer ist
die Gefahr bei nervösen, heftig reagierenden Kindern.

Alterstypisches Verhalten: Zweijährige können ihre Reaktion
auf Enttäuschungen noch nicht steuern; bei ihnen ist dieses
Verhalten normal. Zweieinhalbjährige sind gewalttätig und
wollen andere kommandieren. Ein vierjähriges Kind, das pro-
voziert wird, reagiert wahrscheinlich mit Schlägen, Tritten und
Spucken – und das lautstark. Sowohl das Bedürfnis des sechsjährigen Kindes, der Erste und der Beste zu sein, als auch das
unersättliche Verlangen des Achtjährigen nach mütterlicher Zuwendung (das zu Rivalitäten unter Geschwistern führt) können
Frustration auslösen, die sich in Schreien und Kreischen ent-
lädt.

Bedürfnisse: Solange Kinder nicht gut sprechen können, ist
Schreien für sie eine der wenigen Möglichkeiten, starke Frustration auszudrücken. Dieses Verhalten kann auch Verlangen
nach Zuwendung widerspiegeln, wenn ein Kind meint, daß es

weniger beachtet wird als seine Geschwister. Wenn das Problem immer wieder auftritt, kann es sich um ein Machtspiel handeln («Du kannst mir nicht verbieten zu schreien!»).

Verstärkung: Wenn Sie Ihr Kind anschreien, verstärken Sie seine Meinung, Schreien sei eine akzeptable Methode, Frustration abzubauen oder Bedürfnisse zu befriedigen. Damit verstärken Sie auch das Verhalten eines Kindes, das beachtet werden oder Macht demonstrieren will.

6. (16.) Ihr Kind stört Sie bei der Arbeit oder bei einer Unterhaltung.

Typische auslösende Gedanken

Unterstellte Absicht: «Du willst mich von meiner Arbeit abhalten.»

Übertreibung: «Das ist unerträglich.»

Herabsetzung: «Du bist völlig verantwortungslos.»

Alternative Erklärungen

Temperament: Dieses Verhalten hängt davon ab, wie aktiv, zurückhaltend, aufmerksam und ausdauernd ein Kind ist. Sehr aktive Kinder sind von Natur aus laut und unruhig, weil sie ständig mit etwas anderem beschäftigt sind. Auch ein zurückhaltendes Kind kann zum Störenfried werden, weil es in neuen Situationen ängstlich ist und Schutz sucht. In beiden Fällen verschlimmert Ausdauer das Problem.

Alterstypisches Verhalten: Abgesehen von den Siebenjährigen sind Kinder nahezu unersättlich, was elterliche Zuwendung betrifft. Sie können diesem Drang nicht lange widerstehen, selbst wenn Sie arbeiten oder mit jemandem sprechen (vor allem am Telefon). Dreijährige wollen alles mit Ihnen gemeinsam machen, Fünfjährige möchten Ihnen zeigen, was sie können, und Achtjährige wollen pausenlos reden.

Bedürfnisse: Ein Kind, das Sie bei der Arbeit oder bei einer Unterhaltung stört, drückt damit vielleicht sein Bedürfnis nach Zuwendung aus. Ein Kind ist kaum in der Lage, darauf lange zu warten – es will *jetzt* beachtet werden, und darum kommt es jetzt zu Ihnen. Das ist die beste Methode, und sie wirkt auch, wenn Sie ärgerlich reagieren, weil auch diese Reaktion eine Art Zuwendung ist. Wenn ein Kind das Gefühl hat, daß seine positiven Beiträge von der Familie nicht beachtet werden, wird sein Bedürfnis nach Aufmerksamkeit fast unersättlich.

Verstärkung: Wenn Ihr Kind sein Bedürfnis nach Zuwendung ausdrückt, haben Sie sein Verhalten möglicherweise durch Ihre Reaktionen verstärkt. Denken Sie daran: Jede Reaktion, sogar Wut, ist Zuwendung und verstärkt dieses Verhalten.

7. (18.) Ihr Kind macht absichtlich Dinge kaputt.

Typische auslösende Gedanken

Unterstellte Absicht: «Du versuchst, mich auf die Palme zu bringen.»

Übertreibung: «Ich halte das nicht aus.»

Herabsetzung: «Du bist unausstehlich.»

Alternative Erklärungen

Temperament: Das Temperament allein kann dieses Verhalten nicht erklären; aber bei ängstlichen oder frustrierten Kindern ist es häufiger zu beobachten, ebenso bei Kindern, die Enttäuschungen schwer verwinden, sehr nervös sind, heftig reagieren, viel Ausdauer haben oder schlechter Laune sind.

Alterstypisches Verhalten: Kinder werden vor allem dadurch unabhängig, daß sie Grenzen und Regeln in Frage stellen. In bestimmten Phasen, zum Beispiel im Alter von zweieinhalb und fünfeinhalb Jahren, sind viele Kinder gewalttätig, jähzornig und fordernd. Wenn sie etwas zerbrechen, stellen sie vielleicht Regeln auf die Probe oder drücken ihre Emotionen aus. Denken Sie daran, daß Kinder die Welt kennenlernen, indem sie mit ihr Kontakt aufnehmen – sie berühren, verbiegen, drehen, ziehen und schlagen Dinge. Wenn etwas zerbricht, hat das Kind etwas darüber gelernt, aber es hat nicht unbedingt mit Absicht gehandelt.

Bedürfnisse: Möglicherweise zerbricht Ihr Kind absichtlich etwas, weil es sich nach Ihrer Zuwendung sehnt oder seine Frustration nicht mehr aushält. Wenn es jedoch immer wieder darauf aus ist, Sie zu ärgern, will es sich wahrscheinlich rächen. Es kann sein, daß ein Kind keine andere Lösung sieht, als sich auf diese Weise zu wehren, wenn alle seine Bemühungen, anerkannt zu werden, gescheitert sind.

Verstärkung: Wenn das Kind Aufmerksamkeit erregen möchte, kann jede Reaktion der Eltern sein Verhalten verstärken, vor allem wenn positive Zuwendung fehlt. Glaubt das Kind, daß es sein Ziel nur noch durch Rache erreichen kann, haben die Eltern wahrscheinlich mit Wutanfällen reagiert. In solchen Fällen wirken Strafen wie Öl im Feuer und bestärken das Kind in seiner Meinung, die Lage sei hoffnungslos.

8. (19.) Ihr Kind gehorcht Ihnen vor anderen Leuten nicht.

Typische auslösende Gedanken
Unterstellte Absicht: «Du nutzt mich aus.»
Übertreibung: «Das ist furchtbar.»
Herabsetzung: «Das ist Manipulation.»

Alternative Erklärungen
Temperament: Ein Kind, das sich leicht ablenken läßt, «übersieht» Sie zu Hause und in der Öffentlichkeit eher, und ein Kind mit niedriger Wahrnehmungsschwelle ist in der Öffentlichkeit eher aufgeregt als zu Hause, und da es von Sinneseindrücken überschwemmt wird, hört es nicht, was Sie sagen.

Alterstypisches Verhalten: Das Streben des Kindes nach Unabhängigkeit spiegelt sich in Trotzreaktionen wider, und zwar in fast jedem Alter. Etwa mit sieben Jahren werden Kinder verschlossener und erforschen ihr Innenleben. Dann kommt es vor, daß sie es gar nicht wahrnehmen, wenn die Eltern etwas sagen.

Bedürfnisse: Da Ihr Kind weiß, daß Sie sich in der Öffentlichkeit mit Disziplinarmaßnahmen zurückhalten, ignoriert es Sie möglicherweise, um seinen Drang nach Autonomie besser ausdrücken zu können. Vielleicht will es auch seine Machtposition in der Familie festigen, oder es kann die vielen Sinneseindrücke nicht bewältigen.

Verstärkung: Möglicherweise haben Sie sich bisher gescheut, das Kind in der Öffentlichkeit für Fehlverhalten zu bestrafen. Wenn ja, haben Sie sein Verhalten verstärkt. Falls Sie dazu neigen, sich stark auf die anstehenden Aufgaben zu konzentrieren, wenn Sie mit dem Kind außer Haus sind, nimmt Ihr Kind sich vielleicht an Ihnen ein Beispiel.

9. (20.) Ihr Kind benutzt schmutzige Worte, wenn es mit Ihnen spricht.

Typische auslösende Gedanken

Unterstellte Absicht: «Du versuchst, mich wütend zu machen.»
Übertreibung: «Was fällt dir ein, so mit mir zu reden!»
Herabsetzung: «Du bist absichtlich ungezogen!»

Alternative Erklärungen

Temperament: Stimmung, Wahrnehmungsschwelle und Intensität der Reaktionen beeinflussen dieses Verhalten am meisten. Ein Kind, das fast nie zufrieden ist, bei Reizüberflutung nervös wird und sehr heftig reagiert, benutzt häufiger Schimpfworte, um seine Gefühle auszudrücken.

Alterstypisches Verhalten: Meist fangen Kinder im Alter von vier Jahren an, zu fluchen und zu schimpfen. Ungezügeltes Verhalten ist in diesem Alter normal, und das Kind genießt es, verbotene Worte zu benutzen und Ihren schockierten Gesichtsausdruck zu sehen. Ältere Kinder – bis zum Alter von etwa sieben Jahren – fluchen, um Ihre Autorität herauszufordern. Das ist eine normale Methode, unabhängiger zu werden.

Bedürfnisse: Möglicherweise benutzt das Kind schmutzige Worte, um Ihre Aufmerksamkeit zu erregen oder um unbekannte Bereiche der Sprache zu erforschen. Wenn das Kind glaubt, daß die Familie seine wachsende Unabhängigkeit nicht respektiert und ihm zuwenig Beachtung schenkt, versucht es vielleicht, mehr Macht zu gewinnen – zum Beispiel durch den Gebrauch verbotener Worte.

Verstärkung: Wenn Sie auf das Fluchen und Schimpfen des Kindes wütend reagieren, verstärken Sie wahrscheinlich sein Verhalten. Ein Kind, das Aufmerksamkeit erregen will, fühlt sich auch durch negative Zuwendung belohnt, und wenn Sie sich auf einen Machtkampf einlassen, verstärken Sie das falsche Verhalten. Es kann auch sein, daß das Kind Sie imitiert, weil es Sie fluchen gehört hat, denn die Identifikation mit den Eltern ist für Kinder eine Quelle der Befriedigung.

10. (23.) Ihr Kind lügt.

Typische auslösende Gedanken

Unterstellte Absicht: «Du belügst mich absichtlich.»
Übertreibung: «Das ist unentschuldbar.»
Herabsetzung: «Du hast überhaupt keinen Respekt vor mir.»

Alternative Erklärungen

Temperament: Wie sehr ein Kind zum Lügen neigt, hängt unter anderem davon ab, wie leicht es sich ablenken läßt und wie ausdauernd es ist. Ist das Kind zerstreut und neigt zu Tagträumen, erfindet es möglicherweise «Geschichten», und wenn es beharrlich ist, hält es auch daran fest.

Alterstypisches Verhalten: Wenn ein Kind etwa drei Jahre alt ist, vertieft es sich gerne in die Welt seiner Phantasie und verwechselt sie mit der Wirklichkeit. «Lügen» kann ein Zeichen für eine lebhafte Vorstellungskraft sein. Dieses Verhalten ist typisch für Fünfjährige, die gerne Grenzen überschreiten. Sie prahlen und lügen, und es macht ihnen Spaß, Tabus zu brechen. Sechsjährige lügen ebenfalls häufiger, weil sie sich gegen Autorität auflehnen.

Bedürfnisse: Lügen kann ein Versuch sein, mit Minderwertigkeitsgefühlen fertig zu werden. Ein Kind, das bestimmte Fähigkeiten übertreibt oder erfindet, hat wahrscheinlich das Bedürfnis, selbstsicherer zu werden. Minderwertigkeitsgefühle entstehen, wenn ein Kind glaubt, daß es von seiner Familie nicht beachtet oder nicht geschätzt wird. Lügen ist dann oft ein Versuch, die ersehnte Anerkennung zu finden. Wenn Sie mit dem Kind Auseinandersetzungen über das Lügen haben, kann es sich um einen Machtkampf handeln. Natürlich lügen Kinder manchmal auch, damit die Eltern nicht enttäuscht sind oder nicht wütend werden.

Verstärkung: Wenn Ihr Kind ein Fehlverhalten eingesteht und Sie es bestrafen oder wütend werden, zieht es daraus vielleicht den Schluß, daß es sich nicht lohnt, die Wahrheit zu sagen. Manche Kinder lügen, weil sie damit Wut oder Strafe vermeiden können, und jeder Erfolg verstärkt dieses Verhalten. Es kann aber auch sein, daß Ihr Kind Sie bei Notlügen beobachtet hat und Sie nun imitiert.

11. (25.) Ihr Kind ist beim Spielen zu laut.

Typische auslösende Gedanken
Unterstellte Absicht: «Das tust du, um mich zu ärgern.»
Übertreibung: «Das ist schrecklich.»
Herabsetzung: «Du bist so egoistisch.»

Alternative Erklärungen
Temperament: Bei diesem Verhalten spielen die Wahrnehmungsschwelle, die Intensität der Reaktion und die Ausdauer eine große Rolle. Manche Kinder sind gewalttätig, laut und störrisch, einerlei, ob sie glücklich oder unglücklich sind.

Alterstypisches Verhalten: Kleine Kinder haben ihr Verhalten und ihre Stimme nicht im Griff. Das gilt vor allem für Zweijährige. Vier- bis Fünfjährige haben eine lebhafte Phantasie und sind enorm laut, wenn sie Krieg, den Start eines Raumschiffs oder Filmszenen spielen. Fünfjährige überschreiten gerne Grenzen und bevorzugen laute Spiele.

Bedürfnisse: Wenn Kinder müde oder hungrig sind oder unter anderen Arten von Streß leiden, fällt es ihnen schwer, ihr Stimmvolumen zu beherrschen. Ein Kind ist auch dann laut, wenn es Aufmerksamkeit erregen will. Wenn es mit den Eltern ständig Auseinandersetzungen hat, weil es soviel Lärm macht, versucht es wahrscheinlich, mehr Macht zu erringen.

Verstärkung: Wenn ein Kind laut ist, erhält es meist mehr Zuwendung von den Eltern, als wenn es leise ist. Dadurch verstärken die Eltern sein Verhalten. Das Kind wird dann so lange immer lauter, bis Sie reagieren. Wenn Sie das Kind zwingen, leise zu spielen, verstärken Sie den Machtkampf.

12. (28.) Ihr Kind nimmt Dinge, die ihm nicht gehören.

Typische auslösende Gedanken
Unterstellte Absicht: «Du weißt genau, daß du das nicht tun darfst, und tust es trotzdem.»
Übertreibung: «Diesmal gehst du zu weit.»
Herabsetzung: «Es wird immer schlimmer mit dir.»

Alternative Erklärungen
Temperament: Wenn ein Kind Dinge an sich nimmt, die ihm nicht gehören, so spiegelt dies eher seine Bedürfnisse wider als einen Charakterzug. Allerdings kann Risikobereitschaft dieses Verhalten begünstigen, und wenn das Kind leicht abzulenken ist, nimmt es manchmal etwas an sich und vergißt es dann.

Alterstypisches Verhalten: Kinder, die noch nicht fünf Jahre alt sind, glauben meist, daß ihnen alles gehört, was sie sich nehmen, selbst wenn sie zigmal das Gegenteil gehört haben. Außerdem brechen Kinder gerne Regeln, weil sie nach Unabhängigkeit streben.

Bedürfnisse: Es kann sein, daß Ihr Kind etwas wegnimmt, damit Sie es beachten. Das ist mitunter ein Indiz für ein starkes Bedürfnis nach Zuwendung. Wenn es einem Kind nicht gelungen ist, Aufmerksamkeit zu erregen, versucht es manchmal, mehr Macht in der Familie zu erringen. Dann ist sein Verhalten ein Versuch, sich gegenüber Ihren Forderungen durchzusetzen.

Verstärkung: Wenn es Ihrem Kind um Zuwendung geht, können Sie sein Verhalten sogar durch eine negative Reaktion verstärken. Das gilt auch dann, wenn Sie versuchen, es zu einer Verhaltensänderung zu zwingen – in diesem Fall lassen Sie sich auf einen Machtkampf ein, der das Kind ebenfalls in seinem Verhalten bestärkt. Vielleicht hat Ihr Kind beobachtet, daß Sie kleine Dinge aus Restaurants oder Hotels mitnehmen, und ahmt Ihr Verhalten jetzt nach.

13. (29.) Ihr Kind will nicht antworten, wenn Sie ihm eine Frage stellen.

Typische auslösende Gedanken
Unterstellte Absicht: «Du behandelst mich wie Luft.»
Übertreibung: «Du hörst nie zu.»
Herabsetzung: «Du bist ein ungezogener Bengel.»

Alternative Erklärungen
Temperament: Dieses Verhalten ist typisch für Kinder, die sehr aktiv sind oder sich leicht ablenken lassen. Ein Kind, das nie zur Ruhe kommt, ist wahrscheinlich zu beschäftigt, um zu antworten, oder es überhört Ihre Fragen. Auch wenn Ihr Kind zu Tagträumen neigt oder vergeßlich ist, hört es Ihre Fragen nicht oder läßt sich ablenken, während es über die Antwort nachdenkt.

Alterstypisches Verhalten: Da Kinder nach Autonomie streben, stellen sie Grenzen in Frage. Das kann auch dazu führen, daß sie nicht alle Fragen beantworten. Vor allem bei Kindern über fünf Jahren müssen Sie damit rechnen, daß sie «passiven Widerstand» leisten und Sie ignorieren. Bei Siebenjährigen ist es nicht ungewöhnlich, daß sie andere gar nicht hören, weil sie völlig mit sich selbst beschäftigt sind.

Bedürfnisse: Diese Reaktion spiegelt meist den Wunsch des Kindes wider, Macht zu gewinnen, um seine Rolle in der Familie zu stärken. Damit will das Kind ausdrücken: «Du kannst mich nicht zwingen zu antworten.» Natürlich kommt es auch vor, daß ein Kind nicht antwortet, weil es zu müde ist.

Verstärkung: Wenn Sie wütend werden und versuchen, das

Kind zu einer Antwort zu zwingen, bestärken Sie es in der Ansicht, daß es mehr Macht in der Familie braucht. Das gleiche gilt, wenn Sie Ihrerseits die Fragen Ihres Kindes oder anderer Leute manchmal nicht beantworten – dann wird das Kind Sie imitieren.

14. (31.) Ihr Kind will etwas sofort haben.

Typische auslösende Gedanken

Unterstellte Absicht: «Du willst mich auf die Probe stellen.»
Übertreibung: «Ich halte das nicht aus.»
Herabsetzung: «Du bist verwöhnt und egoistisch.»

Alternative Erklärungen

Temperament: Stimmungsschwankungen, die Wahrnehmungsschwelle und die Ausdauer beeinflussen dieses Verhalten am stärksten. Bei manchen Kindern läßt sich nicht vorhersagen, wann sie hungrig oder müde werden und dann sofort essen oder sich ausruhen wollen. Für ein sehr aktives Kind kann es unerträglich sein zu warten, und sehr beharrliche Kinder lassen sich nicht leicht abwimmeln.

Alterstypisches Verhalten: Kleinen Kindern, vor allem Zwei- bis Vierjährigen, fällt es schwer, auf eine Belohnung zu warten. Wenn sie etwas haben wollen, dann sofort. Außerdem wollen sie ihren Willen durchsetzen, um ihr wachsendes Gefühl der Machtlosigkeit in der großen Welt zu kompensieren.

Bedürfnisse: Vielleicht geht es dem Kind in Wirklichkeit um Aufmerksamkeit, oder es versucht, seine Macht zu vergrößern. Wenn das Kind nach Essen, Trinken oder Ruhe verlangt, kann es natürlich auch sein, daß sein Wunsch völlig berechtigt ist.

Verstärkung: Wenn Sie Ihrem Kind nachgeben, lernt es, daß sein Verhalten sich lohnt. Noch wichtiger ist aber, wie Sie selbst Ihre Wünsche durchsetzen: Wenn Sie von einem Kind verlangen, daß es Anweisungen sofort befolgt, müssen Sie damit rechnen, daß es Ihr Verhalten nachahmt.

15. (33.) Ihr Kind läßt andere nicht mit seinen Sachen spielen.

Typische auslösende Gedanken

Unterstellte Absicht: «Du willst mich auf die Palme bringen.»
Übertreibung: «Dein Benehmen ist unentschuldbar.»
Herabsetzung: «Du bist egoistisch.»

Alternative Erklärungen

Temperament: Stimmung und Anpassungsfähigkeit beeinflussen dieses Verhalten, das bei verschlossenen Kindern häufiger vorkommt. Launenhaften Kindern, die schwer zufriedenzustellen sind und die neue Dinge unbedingt für sich behalten möchten, fällt es schwer, Spielsachen mit anderen zu teilen. Das gilt auch für Kinder, die sich Veränderungen oder Enttäuschungen schwer anpassen können.

Alterstypisches Verhalten: Dieses Verhalten kommt bei Zwei- bis Dreijährigen besonders häufig vor – sie können einfach nicht teilen und bekommen Angst, wenn man sie dazu zwingt. Dieses besitzergreifende Verhalten beginnt etwa im Alter von vier Jahren nachzulassen, aber es ist nicht unbedingt abnorm, wenn es später noch gelegentlich vorkommt.

Bedürfnisse: Wenn ein Kind sich weigert, Spielzeug mit anderen zu teilen, versucht es möglicherweise, seine Macht zu vergrößern. Manche Kinder sind in bestimmten Situationen oder in Gegenwart anderer Kinder so aufgeregt, daß dieses Verhalten sich verschlimmert.

Verstärkung: Wenn Sie Ihr Kind zwingen, seine Spielsachen mit anderen zu teilen, strebt es erst recht nach mehr Macht. Es kann auch sein, daß Ihr Kind Sie imitiert, weil Sie es ständig ermahnen, nicht mit Ihren Sachen zu spielen.

16. (34.) Ihr Kind unterbricht Sie, wenn Sie sich mit jemandem unterhalten.

Typische auslösende Gedanken

Unterstellte Absicht: «Du willst mich auf die Palme bringen.»
Übertreibung: «Ich hasse das.»
Herabsetzung: «Du bist respektlos.»

Alternative Erklärungen

Temperament: Ob ein Kind zu diesem Verhalten neigt, hängt vor allem davon ab, wie gut es sich anpassen kann, wie leicht es sich ablenken läßt und wie ausdauernd es ist. Einem Kind, das nicht gut mit Enttäuschungen und Veränderungen zurechtkommt, fällt es schwer, still zu sein, wenn Sie Ihre Aufmerksamkeit anderen zuwenden. Es kann auch sein, daß das Kind Anweisungen vergißt (z. B.: «Sei still und spiele, wenn ich mit jemandem rede!»).

Alterstypisches Verhalten: Kinder in jedem Alter brauchen die Zuwendung ihrer Eltern, und dieses Bedürfnis ist offenbar besonders stark, wenn die Eltern sich anderen zuwenden. Kleine Kinder sind zudem unfähig, auf eine Belohnung zu warten, darum wollen sie Ihre Aufmerksamkeit sofort.

Bedürfnisse: Dieses Verhalten ist vor allem ein Zeichen dafür, daß das Kind mehr Zuwendung braucht. Bei größeren Kindern kann es auch ein Versuch sein, Macht zu gewinnen.

Verstärkung: Wenn Ihr Kind ein Bedürfnis nach mehr Zuwendung hat und Sie es immer wieder schelten, weil es Sie unterbricht, verstärken Sie sein Verhalten. Wenn Sie Ihr Kind häufig unterbrechen, kann es auch sein, daß es Sie imitiert.

17. (36.) Ihr Kind faßt ständig Waren an, wenn Sie mit ihm einkaufen gehen.

Typische auslösende Gedanken

Unterstellte Absicht: «Du willst mich auf die Probe stellen.»
Übertreibung: «Das ist ja furchtbar.»
Herabsetzung: «Du bist eine störrische, ungezogene Göre.»

Alternative Erklärungen

Temperament: Wenn ein Kind sehr aktiv ist, fällt es ihm schwer, sich beim Einkaufen zurückzuhalten, weil es mit Sinneseindrücken überhäuft wird. Das gilt erst recht, wenn es sich leicht ablenken läßt; dann vergißt es Ihre Ermahnungen schnell. Kinder, die neuen Situationen furchtlos begegnen, sind weniger bereit, sich zusammenzunehmen.

Alterstypisches Verhalten: Kleine Kinder lernen die Welt vor allem durch Berühren kennen. Ein Supermarkt ist eine neue Welt, und ein Kind ist im Grunde gezwungen, Dinge anzufassen. Dieses Bedürfnis, durch Berühren zu lernen, läßt stark nach, wenn ein Kind vier Jahre alt wird; es wird jedoch von der in diesem Alter typischen Tendenz abgelöst, Regeln zu überschreiten, also auch «verbotene Dinge» an sich zu nehmen. Es kann auch sein, daß das Kind in seinem normalen Streben nach Unabhängigkeit Ihre Autorität herausfordert.

Bedürfnisse: Es ist möglich, daß ein Kind im Supermarkt nach Dingen grapscht, um Ihre Aufmerksamkeit zu erregen. Das ist in der Regel dann der Fall, wenn es das Gefühl hat, daß die Familie seine Fähigkeiten nicht würdigt.

Verstärkung: Wenn Ihr Kind um Aufmerksamkeit wirbt oder Macht demonstrieren will, dann verstärken Sie dieses Verhalten sogar mit negativen Reaktionen. Außerdem müssen Sie daran denken, daß Ihr Kind ständig sieht, wie Sie Waren aus dem Regal holen und Etiketten und Preisangaben lesen. Es kann also sein, daß das Kind Sie imitiert, um sich mit Ihnen zu identifizieren.

18. (39.) Ihr Kind schreit, kreischt und/oder rauft während einer Autofahrt.

Typische auslösende Gedanken
Unterstellte Absicht: «Du willst mich auf die Palme bringen.»
Übertreibung: «Das halte ich nicht aus!»
Herabsetzung: «Du bist absichtlich böse.»

Alternative Erklärungen
Temperament: Jeder Persönlichkeitszug, der es einem Kind schwermacht, in einem engen Auto still zu sein, trägt zu diesem Verhalten bei, zum Beispiel Aktivität, geringe Anpassungsfähigkeit, eine niedrige Wahrnehmungsschwelle, Beharrlichkeit und eine Neigung zu heftigen Reaktionen. Ein Kind, das seiner Natur nach immer in Bewegung ist, fühlt sich im Auto nicht wohl, vor allem wenn es wenig anpassungsfähig oder nervös ist. Auch wenn ein Kind laut und heftig reagiert und sich schwer abregt, kann eine Autofahrt unerträglich werden.

Alterstypisches Verhalten: Für kleine Kinder, die nicht oder nicht gut genug sprechen können, kann Schreien die einzige Möglichkeit sein, starke Frustration auszudrücken. Selbst älteren Kindern fällt es schwer, sich durch Sprache verständlich zu machen, wenn ihre Frustration zu groß wird. Sehr aktive Kinder, die um Unabhängigkeit kämpfen oder mit Geschwistern rivalisieren, haben ebenfalls große Probleme, wenn man sie in ein Auto zwängt.

Bedürfnisse: Es kann sein, daß dieses Verhalten das Bedürfnis des Kindes nach Zuwendung oder mehr Macht widerspiegelt. Wahrscheinlich ist es jedoch ein Versuch, mit Frustration fertig zu werden. Langeweile und Müdigkeit verschlimmern die Situation.

Verstärkung: Ihre Reaktion kann das Verhalten des Kindes verstärken, selbst wenn es ihm ursprünglich nicht darum ging, Ihre Aufmerksamkeit zu erringen.

19. (44.) Ihr Kind erfüllt seine Pflichten nicht.

Typische auslösende Gedanken
Unterstellte Absicht: «Du bist trotzig.»
Übertreibung: «Was fällt dir ein, dich so zu benehmen!»
Herabsetzung: «Du bist faul.»

Alternative Erklärungen
Temperament: Ob dieses Verhalten ausgeprägt ist, hängt davon ab, wie leicht das Kind sich ablenken läßt und wie aktiv und ausdauernd es ist. Kindern, die sehr aktiv sind, sich leicht ablenken lassen oder wenig Ausdauer haben, fällt es schwer, ihre Pflichten zu erfüllen.

Alterstypisches Verhalten: Alle Kinder testen Grenzen aus, um ihre Unabhängigkeit und Eigenständigkeit zu erproben. Sich zu weigern, Pflichten zu erfüllen, ist nur eine typische Folge dieses Prozesses. Fünfjährige trödeln eher, als sich offen aufzulehnen. Die bei Siebenjährigen vorherrschende Neigung zu Beharrlichkeit und Perfektionismus verhindert oft, daß das Kind eine Aufgabe beendet.

Bedürfnisse: Dieses Verhalten kann ein Hinweis darauf sein, daß das Kind seinen Kopf durchsetzen will, um seine Rolle in der Familie zu festigen. Müdigkeit und Schlafmangel tragen ebenfalls dazu bei, vor allem morgens und abends. Außerdem verändern sich die Fähigkeiten eines Kindes von Jahr zu Jahr. Eltern sollten daher zuerst prüfen, ob ein Kind überhaupt imstande ist, die ihm übertragenen Aufgaben zu erfüllen, und ob es überhaupt versteht, was erwartet wird.

Verstärkung: Wenn Sie versuchen, Ihr Kind zur Erfüllung seiner Pflichten zu zwingen, bringen Sie ihm bei, daß Macht eine gute Methode ist, sich durchzusetzen.

20. (45.) Ihr Kind ist unartig, obwohl Sie einen harten Tag hinter sich haben.

Typische auslösende Gedanken

Unterstellte Absicht: «Du willst mich auf die Palme bringen.»
Übertreibung: «Ich halte das nicht aus.»
Herabsetzung: «Du bist egoistisch.»

Alternative Erklärungen

Temperament: Jeder Persönlichkeitszug, der durch seine Einseitigkeit in einer Situation zum Problem werden kann, kann dieses Verhalten hervorrufen. Nach einem harten oder schlechten Tag reagieren Sie auf Streß empfindlicher; es fällt Ihnen dann schwer, ein sehr aktives, sehr anhängliches, launisches oder abenteuerlustiges Kind zu ertragen. Hohe Erregbarkeit, heftige Reaktionen und Hartnäckigkeit des Kindes verschlimmern die Situation.

Alterstypisches Verhalten: Es ist fast unvermeidlich, daß ein Kind «unartig» ist, wenn Sie einen harten Tag hinter sich haben. Dann stehen nämlich, verständlicherweise, Ihre eigenen Bedürfnisse für Sie im Mittelpunkt – eine gute Gelegenheit für Ihr Kind, das sich um Unabhängigkeit bemüht, Sie auf die Probe zu stellen! Da Sie in Gedanken woanders sind, wecken Sie zudem in Ihrem Kind den Wunsch, beachtet zu werden, und das ist in dieser Situation besonders anstrengend.

Bedürfnisse: Wenn Sie einen harten Tag mit dem Kind zusammen hinter sich haben, beschäftigt das Kind sich wahrscheinlich auch mit den Ereignissen des Tages und braucht vielleicht Zuwendung, oder es fühlt sich zurückgesetzt, weil Sie an andere Dinge denken, und hat das Bedürfnis, ein wenig seine Macht zu demonstrieren. Wenn Sie den Tag nicht mit dem Kind verbracht haben, können Ihre Müdigkeit und Ihr Wunsch, weiteren Anstrengungen aus dem Weg zu gehen, beim Kind ein Bedürfnis nach Zuwendung auslösen.

Verstärkung: Wenn Sie Ihr Kind vom Versuch abhalten, um Ihre Aufmerksamkeit zu werben, oder auf andere Weise Ihre Macht einsetzen, verstärken Sie wahrscheinlich das Verhalten des Kindes. Das gilt selbst für negative Zuwendung. Auch die Beteiligung an einem Machtkampf ist eine Art Belohnung, weil Sie damit die Macht des Kindes bestätigen.

Übung:
Lernen Sie das Verhalten Ihres Kindes verstehen

Sie wissen nun, daß es für das problematische Verhalten Ihres Kindes meist mehrere mögliche Erklärungen gibt. Wählen Sie nun das Verhalten des Kindes aus, das Ihnen am meisten auf die Nerven geht, und tragen Sie in der folgenden Liste eine alternative Erklärung für dieses Verhalten ein. Berücksichtigen Sie das Temperament, das alterstypische Verhalten und die Bedürfnisse des Kindes, und überlegen Sie, ob Sie sein Verhalten womöglich verstärken.

Problematisches Verhalten:

_____

_____

_____

_____

Alternative Erklärungen
Temperament: Kreuzen Sie jeden der folgenden Charakterzüge an, der das Verhalten des Kindes auslösen oder fördern könnte:

_____ Aktivität

_____ Stimmung

_____ Aufgeschlossenheit/Zurückhaltung

_____ Berechenbarkeit

_____ Anpassungsfähigkeit

_____ Wahrnehmungsschwelle

_____ Intensität der Reaktionen

_____ Ablenkbarkeit

_____ Ausdauer

Alterstypisches Verhalten: Lesen Sie, wenn nötig, noch einmal die Beschreibung des alterstypischen Verhaltens auf den Seiten 75–110, und notieren Sie dann, welche dieser Verhaltensweisen zum Verhalten Ihres Kindes beitragen könnte.

_____

_____

_____

_____

_____

Bedürfnisse: Kreuzen Sie alle Bedürfnisse an, die das Verhalten des Kindes möglicherweise auslösen oder fördern.

_____ Zugehörigkeit

_____ Zuwendung

_____ Macht

_____ Rache

_____ körperliche Bedürfnisse (Schlaf, Ruhe, Essen, Trinken, Schmerzlinderung)

Verstärkung: Wie verstärken Sie möglicherweise das Fehlverhalten?

_____

_____

_____

_____

_____

Welche anderen Faktoren könnten das Verhalten verstärken?

_____

_____

_____

_____

5 Ändern Sie Ihre Denkweise

Wenn Eltern gestreßt sind, können auslösende Gedanken, die eine Absicht unterstellen, übertreiben oder abwerten, ein Feuer entfachen wie ein brennendes Streichholz im Kornfeld. Darum sind diese Auslöser so trügerisch. Sie verzerren die Wahrnehmung, indem sie die Situation aufbauschen und das Kind «böse» erscheinen lassen.

Auslöser verleiten Sie dazu, die *wahren* Gründe des kindlichen Verhaltens zu übersehen: Temperament, Entwicklungsstadium, Bedürfnisse und Verstärkungen. Das alles spielt keine Rolle mehr, wenn Sie entschieden haben, daß Ihr Kind faul, aufsässig, verwöhnt, egoistisch oder raffiniert ist. Sie können die eigentlichen Ursachen einer Reaktion nicht analysieren, wenn Sie bereits davon überzeugt sind, daß das Kind Sie ärgern will.

Auslöser können ein Gefühl der Hilflosigkeit hervorrufen; sie entfachen Ihre Wut, und Sie schreien und schimpfen. Doch wenn der Wutanfall vorbei ist, hat sich nichts geändert: Die gleichen Konflikte flackern wieder auf, die gleichen Machtkämpfe und die gleiche Frustration. Die Auslöser und die Wut haben kein Problem gelöst, sie haben sogar eine echte Lösung verhindert.

Wenn Auslöser Sie daran hindern, die wahren Ursachen eines unerwünschten Verhaltens zu erkennen und zu beheben, müssen Sie mit drei negativen Folgen für Ihr Kind rechnen:

- *Ihr Kind hält sich für schlecht.* Dafür gibt es einen einfachen Grund: «Du bist schlecht» ist genau die Botschaft, welche die Wut übermittelt, vor allem wenn sie mit Unterstellungen,

Übertreibungen und Herabsetzungen einhergeht. Wenn Sie schreien, ist das ein Werturteil über Ihr Kind, und je häufiger Sie wütend werden, desto gründlicher bleuen Sie dem Kind ein, daß es «schlecht» ist.

- *Ihr Kind kooperiert immer weniger.* Kleine Kinder fürchten sich gewöhnlich, wenn Eltern wütend werden, und oft geben sie das unerwünschte Verhalten auf. Das wiederum bestärkt sie im Glauben, daß Wutanfälle nützlich sind. Wenn Kinder jedoch immer wieder das Ziel von Wutausbrüchen sind, *stumpfen sie ab.* Dann verliert auch die Wut der Eltern an Wirkung. Sie müssen also ständig wütender werden, damit das Kind «gehorcht». Chronisch wütende Eltern beklagen sich oft darüber, daß ihr Kind sie ignoriert. Wenn Menschen, die in der Nähe eines Vulkans leben, sich an dessen Grollen gewöhnen, ist es dann ein Wunder, daß Kinder lernen, die Wut ihrer Eltern zu ignorieren?

- *Ihr Kind entfremdet sich Ihnen oder wird seinerseits wütend.* Niemand ist gerne mit einem Menschen zusammen, der ständig wütend ist. Wenn ein Kind abstumpft, so wirkt sich das nicht nur auf die akute Situation aus – es kann sein, daß das Kind sich völlig vor Ihnen verschließt. Es verliert nicht nur allmählich seine Angst, sondern auch seine Liebe für Sie, sein Vertrauen zu Ihnen, die Freude an der Spontaneität und an kindlicher Ausgelassenheit. Diese verwundbaren Gefühle weichen möglicherweise der Wut (mit der das Kind sich schützen will), sofern das Kind nicht eine einfachere Strategie wählt: Ihnen aus dem Weg zu gehen.

So können Sie Ihre Wut erfolgreich bewältigen

Der Preis für chronische Wut ist zu hoch. Eltern, die sich dessen bewußt sind, bemühen sich um Abhilfe. Unsere landesweite Studie untersuchte vierundzwanzig spezifische Strategien, die Eltern benutzen, um mit heiklen Situationen fertig zu werden. Die folgende Liste enthält sieben dieser Strategien in Form von Gedanken. Sie verdeutlichen, was Eltern mit geringer Neigung zu Wutanfällen von Eltern mit starker Neigung zu Wutanfällen unterscheidet. Mit anderen Worten: Eltern, die seltener in Wut geraten, machen von diesen sieben Entgegnungen häufiger Gebrauch.

_____ 1. Das liegt am Entwicklungsstadium. Kinder müssen solche Stadien durchmachen.

_____ 2. Das ist in diesem Alter normal.

_____ 3. Nimm's nicht zu schwer. Nimm es mit Humor.

_____ 4. Das ist nichts weiter als natürliche Spontaneität.

_____ 5. Er/Sie will mich gar nicht ärgern. Er/Sie will damit nur diese Situation bewältigen.

_____ 6. Er/Sie kann jetzt nicht anders, als zu schreien, wütend zu sein, mich zu unterbrechen, Zuwendung zu fordern usw.

_____ 7. Halte durch. Du wirst auch ohne Wutanfall damit fertig.

Diese sieben Gedanken sind wirksame Strategien, an die wütende Eltern oft nicht denken. Beachten Sie, daß die Gedanken unter Nr. 1, 2 und 4 das Verhalten des Kindes als natürlich seinem Entwicklungsstadium angemessen bezeichnen. Der vierte

Gedanke erkennt den Einfluß des Temperaments an. Die Gedanken unter Nr. 3 und 7 helfen Ihnen, nicht zu übertreiben und von dem Auslöser wegzukommen. Der fünfte Gedanke erinnert Sie daran, daß das Kind mit seinem Verhalten versucht, wichtige Bedürfnisse zu befriedigen. Und der sechste Gedanke verhindert, daß Sie dem Kind Absicht unterstellen; er weist darauf hin, daß das Kind mit einem Problem nicht anders fertig wird.

Lesen Sie nun die Liste noch einmal durch, und kreuzen Sie jeden Gedanken an, der Ihrer Meinung nach richtig ist oder der Ihnen helfen könnte, wenn Sie wütend sind. Schreiben Sie diese Gedanken auf einen Zettel, und kleben Sie ihn an den Spiegel im Bad. Wenn ein Gedanke, den Sie ausgewählt haben, Sie nicht ganz überzeugt, können Sie ihn abwandeln. Wichtig ist nur, daß Sie daran glauben und daß er Ihnen *hilft*.

Lesen Sie diese hilfreichen Gedanken *jeden Morgen*. Je öfter Sie das tun, desto größer ist die Wahrscheinlichkeit, daß Sie sie in kritischen Situationen anwenden.

Die auslösenden Gedanken verhindern

Wenn Sie etwas gegen Ihre Wut tun wollen, müssen Sie es so früh wie möglich tun – es ist viel schwieriger, wenn sich bereits ein hitziger Streit entwickelt hat. Sobald Sie Ärger verspüren, sollten Sie auf Ihre Gedanken achten. Werten Sie Ihr Kind ab, übertreiben Sie, unterstellen Sie ihm eine Absicht?

Wenn Sie sich bei Gedanken ertappen, die Sie wütend machen, haben Sie zwei Möglichkeiten, ihnen entgegenzutreten. Erstens können Sie sie durch konstruktive Gedanken ersetzen, zum Beispiel: «Ich bleibe ruhig. Ich muß nicht wütend werden. Ich werde damit fertig.» Wiederholen Sie diesen Gedanken jedesmal, wenn Sie spüren, daß Ihr Ärger zunimmt. Nehmen Sie sich jetzt, in diesem Moment, fest vor, in den nächsten zwei Tagen eine dieser Entgegnungen zu verwenden, wann immer Ihnen Gedanken kommen, die Wut auslösen.

Zweitens können Sie die Gedanken widerlegen. Da Auslöser meist die Realität verzerren, ist die Wahrheit Ihre größte Waffe. Hören Sie auf, abzuwerten und zu übertreiben; hören Sie auf, dem Kind eine Absicht zu unterstellen. Und denken Sie daran, daß es auch einen realistischen Blickwinkel gibt.

Die folgende Liste enthält Beispiele, die verdeutlichen, wie Sie mit den achtzehn Auslösern fertig werden, die unsere Studie identifiziert hat (siehe Kapitel 3). Wie Sie sehen, sind die meisten Widerlegungen von den sieben wichtigen Entgegnungen abgeleitet, die oben aufgezählt sind.

Beispiele für den Umgang mit Auslösern

Auslöser	*Realistischer Blick*
Unterstellte Absicht	
1. Das tust du, um mich zu ärgern.	Er will mich gar nicht ärgern. Er will mit dieser Situation fertig werden. Um welches Bedürfnis geht es ihm?
2. Das tust du aus Trotz.	Das ist natürliche Spontaneität. Sie muß jetzt weinen. Was braucht sie wirklich?
3. Du versuchst, mich auf die Palme zu bringen.	Das ist natürlich. Er versucht, ein Problem zu lösen. Er kann nicht anders. Das gilt nicht mir.
4. Du willst mich auf die Probe stellen (herausfinden, wie weit du gehen darfst).	Vielleicht stimmt das, aber das ist in diesem Alter normal; ich werde damit fertig. Ich muß nicht wütend werden.
5. Du überhörst absichtlich, was ich sage.	Sie ist in der «Ich-höre-dich-nicht»-Phase. Das ist normal. Entweder kann sie nicht anders, oder sie hat ein Problem.

5. Ändern Sie Ihre Denkweise

Auslöser	*Realistischer Blick*
6. Du nutzt mich aus.	Das ist natürlich. Sie will etwas und will mich dazu bringen, es ihr zu geben. Kinder sind so. Verliere nicht deinen Humor.
7. Du tust das absichtlich (aus Rache, um mich zu verletzen, aus Trotz, um mich zu ärgern usw.)	Er tut das, um mit seinen Gefühlen und Bedürfnissen zurechtzukommen. Es geht gar nicht um mich.

Übertreibung

8. Ich halte das nicht aus.	Kinder müssen diese Phase durchmachen. Ich werde damit fertig, ohne mich aufzuregen.
9. Dieses Benehmen ist unentschuldbar.	Es gefällt mir nicht, aber ich werde damit fertig. Er kann nicht anders; er versucht, sein Problem zu lösen. Ich bin erwachsen und komme damit zurecht.
10. Diesmal gehst du zu weit.	Der Zeitpunkt ist nicht gerade günstig, aber ich werde damit fertig. Sie will mich nicht ärgern, sondern ein Problem lösen.
11. Du gehorchst mir nie.	Nicht übertreiben. Manchmal hört er zu, aber nicht immer. Das ist ganz natürlich. Ich kann seine Aufmerksamkeit wecken, ohne wütend zu werden.
12. Was fällt dir ein, mich so anzusehen, so mit mir zu reden, so etwas zu tun usw.	Ich werde damit fertig. Nicht den Humor verlieren! Sie ist aufgeregt und zornig. Das heißt nicht, daß ich wütend werden muß. Ich werde mich abregen und dann überlegen, was zu tun ist.
13. Aus allem machst du einen Machtkampf, einen Streit, einen Alptraum usw.	Nicht übertreiben. Es ist nicht immer so. Er braucht etwas und versucht, es zu bekommen. Damit werde ich fertig, ohne zu schreien.

Auslöser	*Realistischer Blick*
Abwerten	
14. Du kannst dich nicht beherrschen.	Das ist natürliche Spontaneität. Kinder drehen manchmal durch. Ich kann Regeln durchsetzen, ohne ihn herabzusetzen.
15. Dir ist jedes Mittel recht.	Nimm das nicht so ernst. Sie will ihren Kopf durchsetzen. Das ist ganz natürlich. Kinder haben weniger Macht als Erwachsene, und darum tun sie, was sie tun können, um ihr Ziel zu erreichen.
16. Du bist so faul, boshaft, stur, respektlos, undankbar, eigensinnig, egoistisch, grausam, dumm, ungezogen, verwöhnt, aufsässig usw.	Damit mache ich es nur schlimmer. In ihrem Alter ist das weitgehend normal. Ich werde damit fertig, ohne wütend zu werden.
17. Du bist absichtlich gemein, du stellst dich dumm usw.	Nicht herabsetzen. Manchmal kann er nicht anders, als zu _____. Er will seine Bedürfnisse befriedigen. Das ist natürlich, und ich komme damit zurecht, ohne mich aufzuregen.
18. Du kümmerst dich nicht darum, was geschieht, wie ich mich fühle, wem du weh tust usw.	Ich weiß nicht genau, wie sie sich fühlt. Durch Herabsetzen mache ich alles nur schlimmer. Kinder sind von Natur aus oft egoistisch.

Jetzt haben Sie einige Anregungen, wie Sie mit Ihren Auslösern umgehen können. Blättern Sie noch einmal zum Kapitel 3 zurück, und schauen Sie nach, welche Auslöser Sie angekreuzt haben. Lesen Sie zu jedem Auslöser die oben formulierte Entgegnung. Denken Sie daran, daß es sich nur um Beispiele handelt, die Sie so umformulieren müssen, daß Sie in Ihren Ohren richtig und glaubhaft klingen. Wenn ein Beispiel Ihnen nicht gefällt, lesen Sie die sieben Entgegnungen noch einmal durch, und lassen Sie sich davon zu eigenen Formulierungen anregen.

Bill hatte beispielsweise oft den Auslöser «Du nutzt mich aus» verwendet. Aber die simple Entgegnung «Das ist ganz natürlich, er will eben etwas haben» schien nicht zu helfen, weil Bill das Verhalten seines Sohnes nicht akzeptieren konnte. Also las er die Liste der Entgegnungen durch und schrieb schließlich: «Es ist verdammt ärgerlich, aber ich werde damit fertig. Ich muß nicht wütend werden, nur weil er mich ärgert. Ich bin für meine Wut selbst verantwortlich und muß mit dieser Situation selbst fertig werden.» Bei Helen löste der Gedanke «Du hörst mir nie zu» oft Wut auf ihre Tochter aus, und die Entgegnung «Nicht übertreiben; das ist ganz natürlich bei Kindern» half ihr nicht, sondern machte sie eher noch wütender. Darum entschied Helen sich für eine andere Entgegnung: «Sie hört mir zu, wenn ich ihr klarmache, welche Folgen ihr Verhalten hat. Es ist *meine* Sache, ihr das zu erklären.»

Der Umgang mit unerwarteten Auslösern

Unsere Studie identifizierte einige der häufigsten und gefährlichsten Auslöser, die Eltern verwenden. Das sind aber nicht die einzigen Gedanken, die zu Auseinandersetzungen mit dem Kind führen können. Wenn Sie auf einen Auslöser nicht vorbereitet sind, müssen Sie eine eigene Entgegnung finden und den Auslöser in eine realistische Reaktion auf das problematische Verhalten Ihres Kindes umwandeln. Dabei sollten Sie in vier Schritten vorgehen:

1. Finden Sie die wahre Ursache des Verhaltens

In Kapitel 4 haben Sie gelernt, welche Rolle das Temperament, die Entwicklungsphase, Bedürfnisse und Verstärkungen beim Verhalten Ihres Kindes spielen.

2. Schätzen Sie das Problem realistisch ein

Übertreiben Sie nicht. Vermeiden Sie Gedanken wie «unverschämt, lächerlich, außer Rand und Band, unerträglich». Ersetzen Sie Übertreibungen durch eine genaue Beschreibung dessen, was tatsächlich vorgefallen ist: «Bill rennt seit fünf Minuten mit lautem Kriegsgeschrei durchs Haus.» Diese Aussage enthält keine wütende Unterstellung, sondern beschreibt klar und deutlich, was Bill tut. Die folgende Aussage verzichtet ebenfalls auf jede Übertreibung: «Sandra hat einen drei Meter langen Rasenstreifen in einen Sumpf verwandelt, um darauf zu rutschen.» Sie enthält keine Auslöser wie «So eine Gedankenlosigkeit! Der Rasen ist total kaputt. Sie denkt nur an sich.»

Es mag Ihnen seltsam vorkommen, nur das tatsächliche Verhalten zu beschreiben und sich auf Gedanken zu beschränken, die keinerlei Gefühle ausdrücken. Aber Übertreibungen machen Sie nur wütender und erschweren die Suche nach einer praktikablen Lösung.

3. Ersetzen Sie abwertende Ausdrücke durch neutrale

Dies ist im Grunde eine Ergänzung des zweiten Schrittes. Ausdrücke wie *verrückt, faul, dumm, grausam, verwöhnt* und so weiter sorgen dafür, daß Sie rotsehen. Auslöser, die solche Pauschalurteile enthalten, können Sie schnell in Rage versetzen. Verzichten Sie also darauf, und beschränken Sie sich auf eine klare, genaue Beschreibung des Vorfalls.

Natürlich ist das nicht annähernd so befriedigend wie Schreien und Schimpfen. Sie müssen sich sogar anstrengen, um auf «nackte Tatsachen» umzuschalten. Aber wenn Sie auf negative Pauschalurteile verzichten, können Sie Ihre Wut tatsächlich dämpfen. Wenn es Ihnen schwerfällt, daran zu denken, sollten Sie sich angewöhnen, eine einfache Frage zu stellen, wann immer Sie in Wut geraten: «Was geht hier *wirklich* vor?» Antworten Sie dann nur mit Fakten: «René ist zum drittenmal in dieser Woche zu spät von der Schule nach Hause gekommen.» Falls Sie nicht alle Fakten kennen, fragen Sie Ihr Kind danach. Die Diskussion wird dann ganz anders verlaufen, als wenn Sie den Jungen stur, eigensinnig und verzogen nennen. Wenn er die Wäsche von der Leine geholt und über Beete und Gartenstühle gelegt hat, sehen Sie nur die schmutzigen Fußabdrücke auf den Leintüchern und Handtüchern – aber er sagt: «Das ist ein Burggraben.» Wie lautet hier die klare, sachliche Beschreibung des Vorfalls? Wenn Sie auf abwertende Urteile verzichten, werden Sie mit Ihrer Wut viel leichter fertig.

4. Denken Sie daran, daß Sie ruhig bleiben können

Es ist sehr wichtig zu bekräftigen, daß Sie ruhig bleiben können und die Situation im Griff haben – ohne Wut.

Neue Anwendungsmöglichkeiten für Ihr Wut-Tagebuch

Es ist an der Zeit, daß Sie den Umgang mit Ihren Auslösern üben. Dazu brauchen Sie wieder Ihr Wut-Tagebuch, diesmal jedoch in leicht veränderter Form (Sie können die Vorlage am Ende dieses Kapitels kopieren):

Datum	Situation	Auslösender Gedanke	Empfundene Wut	Realistische Sicht	Empfundene Wut

Notieren Sie in den nächsten zwei Wochen jede Situation, die in Ihnen Wut auf Ihre Kinder ausgelöst hat. Schreiben Sie Ihre Auslöser auf, und bewerten Sie Ihre Wut auf einer Skala von 1 bis 10. Gehen Sie dann nach den oben beschriebenen vier Schritten vor, und setzen Sie den Auslösern die realistische Sicht entgegen. «Messen» Sie dann Ihre Wut erneut, und vermerken Sie, ob sie abgenommen hat.

Beispiel

Die folgenden vier Einträge stammen aus Richards Tagebuch. Die Spalte «realistische Sicht» zeigt, wie er eine sachliche Einstellung entwickelt hat.

Datum	Situation	Auslösender Gedanke	Empfundene Wut	Realistische Sicht	Empfundene Wut
7. 6.	Rebecca setzte ihren Hamster in den Kühlschrank.	Das ist dumm und grausam. Man kann ihr kein Tier geben.	5	Ich brauche mich nicht aufzuregen. Sie hat die Ratte in den Kühlschrank gesetzt, damit sie dort schön klettern kann. Für eine Fünfjährige ist das wohl normal. Sie wußte nicht, was sie dem Tier damit antat.	2
7. 6.	Als ich Rebecca bat, ihre schmutzige Wäsche zu bringen, antwortete sie: «Das brauche ich nicht zu tun. Ich bin mein eigener Herr.»	Sie ist störrisch, und sie versucht, mich und die ganze Familie herumzukommandieren.	6	Mir ist klar, daß sie eine Menge Zuwendung bekommt, wenn sie das tut. Wahrscheinlich verstärken wir damit ihr Verhalten. Sie hat einfach keine Lust, die Wäsche zu bringen, und sie drückt ihre Wünsche klar aus. Mir wird schon einfallen, wie ich sie dazu bringe, ohne mich aufzuregen.	1

Datum	Situation	Auslösender Gedanke	Empfundene Wut	Realistische Sicht	Empfundene Wut
8. 6.	Als ich an meinen Verkaufsberichten arbeitete, störte mich Rebecca mit lautem Singen.	Sie will mich davon abhalten, meine Arbeit zu machen. Sie gehorcht nicht, wenn ich ihr sage, daß sie still sein soll.	4	Sie hört mir einen Moment zu, dann vergißt sie alles. Sie ist eben ein lebhaftes, lautes Kind. Vielleicht braucht sie gerade jetzt etwas Zuwendung. Entspanne dich, und bleibe ruhig.	1
9. 6.	Als es Zeit war, schlafen zu gehen, versteckte Rebecca sich unter dem Bett. Ich suchte sie im ganzen Haus.	Sie ist eine ungezogene, eigensinnige Göre. Ich halte das nicht aus. Das ist doch eine Frechheit! Sie stiehlt uns absichtlich unsere Zeit.	7	Beruhige dich. Du wirst damit fertig. Es macht ihr Spaß, sich zu verstecken. Nimm das nicht zu ernst. Kinder in diesem Alter sind eben albern. Das ist nicht so schlimm, selbst wenn es spät wird. Ich werde ihr sagen, daß sie morgen nach der Schule nicht zu Gina gehen darf, wenn sie nicht sofort kommt.	2

Wie Sie am ersten Eintrag sehen, erinnert Richard sich zunächst daran, daß er sich nicht aufzuregen braucht. Dann beschreibt er die Tatsachen: das, was Rebecca ihm erklärt hat. Jetzt versteht er, daß ihr Verhalten für ein Kind in diesem Alter normal ist. Er verzichtet auf abwertende Urteile wie *dumm*, *grausam* oder *unfähig*.

Im zweiten Eintrag erkennt Richard, daß er seiner Tochter Absicht unterstellt. Dann sucht er nach einer realistischen Erklärung für ihre Weigerung, die Wäsche zu bringen. Das Temperament, das Entwicklungsstadium und bestimmte Bedürfnisse können ihr Verhalten offenbar nicht erklären. Nach sorgfältiger Überlegung begreift er, daß er Rebecca möglicherweise in ihrem Verhalten bestärkt. Danach ersetzt er Gedanken wie «Sie ist störrisch» durch eine einfache Beschreibung ihres Verhaltens: Sie drückt ihre Bedürfnisse und Wünsche klar aus. Daraufhin beschließt er, sich eine Verstärkung für positives Verhalten auszudenken.

Im dritten Eintrag beschreibt Richard die Situation realistischer und berichtigt dann seine Übertreibung. Zunächst unterstellte er Rebecca Absicht; jetzt denkt er über ihr Temperament nach: «Sie ist eben ein lebhaftes, lautes Kind.» Dieser Gedanke ist viel erträglicher als die Annahme, daß sie ihn absichtlich ärgern will. Schließlich ermahnt er sich noch einmal, ruhig zu bleiben.

Im vierten Eintrag muß Richard sich mit abwertenden Urteilen, Übertreibungen und unterstellter Absicht auseinandersetzen. Er fordert sich selbst auf, die Ruhe zu bewahren; dann erklärt er Rebeccas Verhalten: Sie will Spaß haben. Das ist eine realistischere Einschätzung. Mit unbefriedigten Bedürfnissen oder mit dem Temperament hat das offenbar nichts zu tun. Als Richard darüber nachdenkt, findet er ihr Verhalten in ihrem Alter normal. Jetzt ist es seine Aufgabe, sie durch positive Verstärkungen zur Zusammenarbeit zu bewegen.

Auf der nächsten Seite finden Sie eine Vorlage für ein Tagebuch. Sie können sie kopieren und für Ihre Eintragungen in den nächsten zwei Wochen benutzen. Versuchen Sie, die Spalte «realistische Sicht» am Tag des unerfreulichen Vorfalls auszufüllen. Und vergessen Sie nicht, das Ausmaß Ihrer Wut einzuschätzen, damit Sie sehen, ob Ihre Entgegnungen Ihnen helfen, sich zu beruhigen.

5. Ändern Sie Ihre Denkweise

Datum	Situation	Auslösender Gedanke	Empfundene Wut	Realistische Sicht	Empfundene Wut

6 Ändern Sie Ihr Verhalten

Wut ist meist ein kognitives Problem. Im vorigen Kapitel haben Sie gelernt, Wut durch Nachdenken über eine kritische Situation zu zügeln. Manchmal – wenn die Spaghettisauce von der Decke tropft oder ein brennender Topflappen im Toaster steckt – dürfte es Ihnen jedoch schwerfallen, positiv zu denken: Sie verspüren den überwältigenden Drang, *etwas zu tun*.

In diesem Kapitel geht es darum, wie Sie Ihr Verhalten ändern können. Unsere Studie zeigte, daß es dafür vier Methoden gibt, die Eltern immer wieder erfolgreich anwenden können, wenn eine Situation sie in Wut versetzt. Die beiden ersten Techniken sind Entspannung und die Erkenntnis, was Ihr Kind wirklich braucht; sie werden in diesem Kapitel behandelt. Die zwei anderen Methoden besprechen wir in Kapitel 7.

Entspannung

Wenn Sie lernen wollen, sich zu entspannen, um mit Wut fertig zu werden, sind drei Schritte notwendig:

- Lernen Sie, sich regelmäßig zu entspannen, damit Sie weniger unter dem Streß leiden, der sich innerhalb der Familie anhäuft.

- Achten Sie auf frühe Warnsignale Ihres Körpers, damit Sie Wutanfälle rechtzeitig verhindern können.

- Machen Sie eine Pause, und atmen Sie tief durch, bevor Sie in einer kritischen Situation reagieren.

Entspannen lernen in drei Wochen

Streß ist das Öl im Feuer der Wut. Er sammelt sich unablässig an, so daß Sie ihn täglich abbauen müssen, wenn Sie erfolgreich sein wollen. Nehmen Sie sich jeden Tag zweimal Zeit, und machen Sie an einem ruhigen Platz Entspannungsübungen. Wenn das unmöglich ist, kann allein dieser Umstand eine wichtige Ursache für Ihren Streß und Ihre Reizbarkeit sein – Ihr «Öltank» ist immer voll.

Da die Anweisungen für diese Techniken sehr ins Detail gehen und die meisten Übungen wirksamer sind, wenn Sie dabei die Augen schließen, lohnt es sich, die Anweisungen auf Tonband zu sprechen, und zwar langsam und deutlich und mit den notwendigen Pausen.

Erste Woche:
Tiefatmung und progressive Muskelrelaxation
Tiefe, natürliche Atmung ist eine Arznei gegen Streß. Wenn Sie sich in einer unangenehmen Situation befinden, halten Sie die Luft an, oder Sie atmen in kurzen, flachen Zügen. Wenn Sie eine Woche lang jeden Tag die Tiefatmung üben, werden Sie entspannter und lernen, auf Ihre Atmung zu achten. Diese Technik und die folgenden sind dem *Übungsbuch* von Davis, Eshelman und McKay (1994) entnommen.

1. Legen Sie sich auf den Rücken, ohne die Beine zu kreuzen. Die Arme liegen an den Seiten. Versuchen Sie, jede Verspannung, die Sie im Körper spüren, bewußt zu lösen. Rutschen Sie hin und her, bis Sie bequem liegen.
2. Legen Sie eine Hand auf den Bauch und die andere auf die Brust.
3. Atmen Sie langsam und tief ein, am besten durch die Nase. Füllen Sie sich mit Luft, so daß die Hand auf dem Bauch sich

hebt. Pressen Sie die Luft in den Bauch. Ihr Bauch sollte sich deutlich wölben; die Hand auf der Brust hebt sich nur wenig und nur mit dem Bauch.

4. Atmen Sie mit sanftem Pusten durch den Mund aus. Mund, Zunge und Kiefer bleiben dabei entspannt. Wenn es Ihnen schwerfällt, «in den Bauch» zu atmen, drücken Sie beim Ausatmen mit der Hand darauf und heben die Hand beim Einatmen mit dem Bauch an. Sie können sich auch auf den Bauch legen und tief einatmen, so daß Sie spüren, wie der Bauch gegen die Unterlage drückt.

5. Atmen Sie weiter in langen, tiefen, langsamen Zügen in den Bauch, und atmen Sie sanft aus. Konzentrieren Sie sich auf das Geräusch und die Bewegungen des Bauches. So entspannen Sie sich immer mehr.

6. Machen Sie diese Übung mindestens 5 Minuten, besser 10 bis 15 Minuten. Zum Schluß forschen Sie noch einmal nach Verspannungen im Körper. Spüren Sie, daß Sie viel entspannter sind als zu Beginn der Übung? So sollten Sie bei allen folgenden Entspannungsübungen atmen.

Die progressive Muskelentspannung (Muskelrelaxation) beeinflußt unmittelbar die verspannten Muskeln. Sie spannen und lockern dabei der Reihe nach alle wichtigen Muskelgruppen des Körpers.

1. Legen Sie sich bequem auf den Rücken. Ballen Sie die rechte Faust kräftig, spüren Sie etwa 7 Sekunden lang die Anspannung. Entspannen Sie sich dann. Spüren Sie die Entspannung in der rechten Hand, und achten Sie darauf, wie sehr sie sich von der Anspannung unterscheidet. Wiederholen Sie dies mit der rechten Faust 7 Sekunden lang, und entspannen Sie sich dann. Wiederholen Sie das Ganze mit der linken Hand, anschließend noch einmal mit der rechten und mit der linken.

2. Beugen Sie nun die Ellbogen, und spannen Sie den Bizeps
   wie ein Bodybuilder 7 Sekunden lang so kräftig wie möglich
   an. Entspannen Sie sich dann, spüren Sie, wie die Entspannung sich im Bizeps ausbreitet. Wiederholen Sie das mindestens einmal.

3. Runzeln Sie 7 Sekunden lang die Stirn, so fest Sie können,
   und lockern Sie sie dann. Spüren Sie, wie sie sich glättet,
   achten Sie auf den Unterschied. Runzeln Sie die Stirn noch
   einmal, und achten Sie auf die sich ausbreitende Anspannung. Halten Sie die Spannung 7 Sekunden, und lösen Sie sie
   dann. Schließen Sie nun die Augen 7 Sekunden lang, so fest
   Sie können. Entspannen Sie sich, und lassen Sie die Augen
   leicht geschlossen. Beißen Sie ein wenig die Zähne zusammen, und spannen Sie die Kiefer an (lassen Sie diese Phase
   aus, wenn Sie chronische Schmerzen im Kiefergelenk haben). Achten Sie darauf, wie die Verspannung sich ausbreitet. Entspannen Sie sich, und lassen Sie den Mund ein wenig
   offen. Genießen Sie den Unterschied zwischen Spannung
   und Entspannung. Drücken Sie jetzt die Zunge fest an den
   Gaumen, und spüren Sie die Spannung. Entspannen Sie sich.
   Schürzen Sie die Lippen zu einem O, und spannen Sie sie
   kräftig an. Entspannen Sie sich, während Sie ausatmen, und
   machen Sie dabei ein prustendes Geräusch wie ein Pferd.
   Wiederholen Sie diesen Ablauf einmal.

4. Drücken Sie den Kopf nach hinten, und spüren Sie die Spannung im Hals. Neigen Sie den Kopf nach beiden Seiten, und
   achten Sie darauf, wie die Spannung sich verlagert. Neigen
   Sie dann den Kopf nach vorne, und versuchen Sie, das Kinn
   an die Brust zu drücken. Spüren Sie die Spannung im Hals
   und im Nacken. Entspannen Sie sich, und lassen Sie den
   Kopf sanft nach hinten fallen. Achten Sie darauf, wie die
   Entspannung sich im Hals und im Nacken ausbreitet und
   weiter in die Schultern und in den Rücken wandert. Heben

Sie nun die Schultern, und ziehen Sie den Kopf ein. Versuchen Sie, mit den Schultern die Ohren zu erreichen, und halten Sie die Spannung 7 Sekunden. Entspannen Sie sich, und spüren Sie, wie die Entspannung sich warm und schwer in den Schultern ausbreitet. Wiederholen Sie diesen Schritt einmal.

5. Atmen Sie jetzt ein, und füllen Sie die Lungen vollständig, so daß die Spannung im Brustkorb steigt. Halten Sie den Atem 7 Sekunden an, und atmen Sie dann zischend aus. Dabei entspannt sich der ganze Brustkorb. Atmen Sie auf diese Weise mehrere Male ein und aus, und entspannen Sie sich bei jedem Ausatmen tiefer. Spannen Sie nun den Bauch an, und versuchen Sie, dabei in den Bauch zu atmen. Atmen Sie dann aus, und entspannen Sie sich. Machen Sie jetzt einen möglichst großen Hohlrücken, ohne daß Sie dabei Schmerzen empfinden und ohne Anspannung im übrigen Körper. Halten Sie 7 Sekunden durch, und entspannen Sie sich dann. Wiederholen Sie diesen Schritt, und ruhen Sie sich danach eine Weile aus. Genießen Sie die Entspannung.

6. Drücken Sie die Fersen nach unten, und spannen Sie die Oberschenkel und das Gesäß 7 Sekunden an. Entspannen Sie sich. Achten Sie auf den Unterschied zwischen Spannung und Entspannung. Krümmen Sie nun die Zehen, und spannen Sie die Waden an. Warten Sie einige Sekunden, und lockern Sie dann die Muskeln. Ziehen Sie dann die Zehen in Richtung Kopf, so daß die Schienbeine sich spannen. Warten Sie einige Sekunden, und entspannen Sie sich. Wiederholen Sie diesen Schritt einmal.

7. Sie liegen völlig still, Sie sind schwer und warm. Suchen Sie Ihren Körper langsam von den Füßen bis zum Kopf nach Verspannungen ab, und entspannen Sie bewußt jeden Muskel.

Die progressive Muskelentspannung ist die beste Methode, den gesamten Körper völlig zu entspannen. Zuerst kostet sie viel Zeit, weil Sie sich auf jede kleine Muskelgruppe konzentrieren und die notwendigen Wiederholungen machen müssen. Sobald Sie jedoch gelernt haben, wie entspannte Muskeln sich anfühlen, und in der Lage sind, die Muskeln schnell anzuspannen und zu lockern, können Sie ein kürzeres Verfahren anwenden:

1. Ballen Sie beide Hände zu Fäusten, und beugen Sie die Ellbogen wie ein Bodybuilder. Entspannen Sie sich nach 4 Sekunden.
2. Neigen Sie den Kopf nach hinten, und machen Sie mit ihm eine vollständige Kreisbewegung, während Sie die Stirn runzeln, die Kiefer anspannen, die Lippen schürzen und die Zunge an den Gaumen pressen. Lassen Sie den Kopf 4 Sekunden rollen, und entspannen Sie sich.
3. Atmen Sie tief in den Brustkorb ein, und machen Sie dabei einen Hohlrücken. Halten Sie 4 Sekunden durch, atmen Sie aus, und entspannen Sie sich. Atmen Sie tief in den Bauch ein, und spannen Sie ihn 4 Sekunden lang an. Atmen Sie dann aus, und lockern Sie alle Muskeln.
4. Ziehen Sie die Zehen in Richtung Kopf. Halten Sie die Spannung 4 Sekunden, und entspannen Sie sich dann. Krümmen Sie die Zehen, und spannen Sie Waden, Oberschenkel und Gesäß an. Halten Sie 4 Sekunden durch, und lockern Sie dann alle Muskeln.

Zweite Woche: Entspannung ohne Anspannung

Nachdem Sie eine Woche lang dem Unterschied zwischen Spannung und Entspannung nachgespürt haben, sind Sie nun in der Lage, sich ohne vorherige Anspannung zu entspannen. Jetzt können Sie sich innerhalb von 5 bis 7 Minuten vollständig entspannen. Sie brauchen also nur noch halb soviel Zeit.

Mit etwas Übung sind Sie imstande, jede Muskelgruppe zu entspannen, indem Sie sich einfach darauf konzentrieren. Wenn es Ihnen schwerfällt, den Unterschied zwischen angespannten und lockeren Muskeln zu spüren, machen Sie so lange weiter wie in der ersten Woche, bis es Ihnen gelingt.

1. Setzen Sie sich in einen bequemen Sessel mit Armstützen. Bewegen Sie sich hin und her, bis Sie bequem sitzen.
2. Konzentrieren Sie sich zunächst auf die Atmung. Atmen Sie tief ein, und spüren Sie, wie die Luft den Bauch füllt, dann den unteren Brustkorb und schließlich den oberen Brust-korb. Halten Sie einen Moment die Luft an, und setzen Sie sich dabei gerader in den Sessel. Atmen Sie nun langsam durch den Mund aus, und lassen Sie alle Verspannungen und alle Sorgen mit der Luft entweichen. Entspannen Sie dann den Bauch und den Brustkorb, und lassen Sie sich ein wenig zusammensinken. Atmen Sie weiter in langen, langsa-men Zügen, und entspannen Sie sich mit jedem Zug mehr.
3. Entspannen Sie die Stirn, glätten Sie alle Linien. Atmen Sie tief. Entspannen Sie die Augenbrauen. Lassen Sie jede Span-nung wegschmelzen. Öffnen Sie die Lippen ein wenig, und lockern Sie die Zunge. Atmen Sie langsam ein und aus. Spüren Sie, wie die Luft den Hals entspannt und wie fried-lich und ruhig Ihr Gesichtsausdruck ist.
4. Lassen Sie sanft den Kopf rollen, und spüren Sie, wie der Hals sich entspannt. Lockern Sie die Schultern, lassen Sie sie fallen. Der Hals ist entspannt, und die Schultern hängen schwer nach unten. Lassen Sie die Entspannung nun durch die Arme wandern; lockern Sie den Bizeps und den Trizeps, die Unterarme und dann die Hände und Finger. Die Arme sind warm, schwer und schlaff. Spüren Sie die Entspannung vom Scheitel bis zu den Schultern und Armen.
5. Wenden Sie sich jetzt dem Bauch und dem Brustkorb zu.

Atmen Sie tief ein, und halten Sie die Luft an, so daß der ganze Oberkörper sich weitet. Atmen Sie dann langsam und sanft durch den Mund aus.

6. Achten Sie darauf, wie die Entspannung in den Bauch strömt. Spüren Sie, wie alle Muskeln sich lockern, wenn der Bauch wieder seine natürliche Form annimmt. Entspannen Sie Taille und Rücken. Atmen Sie weiterhin tief, und achten Sie darauf, wie locker und schwer Ihr Oberkörper wird.

7. Entspannen Sie nun die untere Hälfte des Körpers. Spüren Sie, wie das Gesäß in den Sessel sinkt. Lockern Sie die Oberschenkel, dann die Knie. Spüren Sie, wie die Entspannung durch die Waden zu den Knöcheln, dann durch die Füße zu den Zehen wandert. Die Füße sind warm und schwer und liegen fest auf dem Boden. Spüren Sie, wie die Entspannung sich mit jedem Atemzug vertieft.

8. Atmen Sie weiterhin tief, und suchen Sie nach Verspannungen im Körper. Die Beine sind entspannt. Der Rücken ist entspannt. Schultern und Arme sind entspannt. Das Gesicht ist entspannt. Sie fühlen sich ruhig, friedlich, warm und locker.

9. Wenn es Ihnen schwerfällt, eine bestimmte Muskelgruppe zu entspannen, wenden Sie sich dieser Partie noch einmal zu. Ist der Rücken noch ein wenig verspannt? Oder die Schultern? Die Stirn? Der Kiefer? Spannen Sie die Muskeln ein wenig an, warten Sie einige Sekunden, und entspannen Sie sich. Spüren Sie, wie auch diese Muskeln schlaff werden und sich wie der restliche Körper völlig entspannen.

Obwohl diese Methode kürzer und scheinbar leichter ist als die progressive Entspannung, ist sie in Wahrheit schwieriger. Achten Sie darauf, daß Sie alle Muskelgruppen entspannen und daß keine Gruppe sich erneut anspannt, wenn Sie sich einer anderen zuwenden. Nach 5 bis 7 Minuten der Entspannung ohne vorherige Anspannung sollten Sie sich ebenso entspannt fühlen wie in der ersten Woche der progressiven Entspannung.

Dritte Woche: Entspannen mit Schlüsselwörtern

Diese Methode verringert die Zeit, die Sie zum Entspannen brauchen, auf 2 oder 3 Minuten. Sie konzentrieren sich auf die Atmung und entspannen sich genau in dem Augenblick, in dem Sie ein Schlüsselwort denken. Die Verbindung zwischen dem geistigen Befehl und der Muskelentspannung stellen Sie durch Wiederholung her.

Bevor Sie diese Technik probieren, sollten Sie gut mit der Entspannung ohne vorherige Anspannung (zweite Woche) vertraut sein. Auch die folgende Methode ist viel leichter zu lernen, wenn Sie die Anweisungen auf Band sprechen.

1. Setzen Sie sich in einen bequemen Sessel mit Armlehnen. Die Füße liegen flach auf dem Boden, die Augen sind offen. Atmen Sie tief ein, und halten Sie einen Moment die Luft an. Atmen Sie dann langsam und stetig aus, und lassen Sie dabei auch die täglichen Sorgen und den Ärger mit den Kindern los – das alles ist weit, weit weg. Leeren Sie die Lungen vollständig, und spüren Sie, wie Bauch und Brustkorb sich entspannen.

2. Nehmen Sie sich jetzt etwa 30 Sekunden Zeit, um den ganzen Körper von der Stirn bis zu den Zehen zu entspannen. Gehen Sie dabei nach der Entspannung ohne Anspannung vor. *(Wenn Sie die Anweisung auf Band nehmen, machen Sie hier 30 Sekunden Pause – oder auch mehr, wenn Sie wollen.)*

3. Sie sind jetzt ganz ruhig und fühlen sich wohl. Bauch und Brustkorb bewegen sich auf und ab, während Sie langsam und gleichmäßig atmen. Bei jedem Atemzug wird die Entspannung tiefer.

4. Atmen Sie weiter tief und gleichmäßig, und denken Sie dabei «einatmen» und, wenn Sie ausatmen, «entspannen». *(Jede Wiederholung umfaßt etwa 8 Sekunden, wenn Sie die Anweisungen auf Band sprechen.)*

Einatmen ... entspannen
einatmen ... entspannen
einatmen ... entspannen
einatmen ... entspannen
einatmen ... entspannen

Spüren Sie, wie bei jedem Einatmen Ruhe und Frieden in Ihren Geist fließen und bei jedem Ausatmen Sorgen und Spannungen mit der Luft hinausströmen.

5. Atmen Sie einige Minuten auf diese Weise, und sagen Sie dabei im Geiste «einatmen ... entspannen». *(Wenn Sie die Anweisungen auf Band nehmen, folgen hier ein paar Minuten Stille. Es ist besser, wenn Sie die Worte nicht sprechen, sondern denken.)* Konzentrieren Sie sich auf die Worte in Ihrem Geist und auf die Atmung. Spüren Sie, wie *alle* Muskeln mit jedem Ausatmen entspannter werden. Das Wort «entspannen» vertreibt jeden anderen Gedanken. Schließen Sie die Augen, um sich besser konzentrieren zu können.

6. Lauschen Sie wieder den Worten, während Sie weiter einatmen ... und sich entspannen.

Einatmen ... entspannen
einatmen ... entspannen
einatmen ... entspannen
einatmen ... entspannen
einatmen ... entspannen

7. Fahren Sie damit einige Minuten fort. Spüren Sie, wie bei jedem Einatmen Ruhe und Frieden einströmen und bei jedem

Ausatmen Sorgen und Spannungen hinausfließen. *(Hier endet die Aufzeichnung.)*

8. Wenn Sie Zeit haben, können Sie nach einer Pause von 10 bis 15 Minuten die ganze Prozedur wiederholen.

Sobald Sie diese Methode etwa eine Woche lang geübt haben, wissen Sie, wie ruhig und friedlich Sie sich dabei fühlen. Machen Sie diese Übung (oder die nun folgende Meditation) *täglich*. Es ist wichtig, sich jeden Tag dieser Disziplin zu unterwerfen.

Verwenden Sie die Schlüsselwörter *einatmen ... entspannen* in jeder Situation, die Wut auslöst, und versuchen Sie dabei, den ganzen Körper zu entspannen.

Atemmeditation

Wenn die Entspannung mit Schlüsselwörtern Ihnen gefallen hat, möchten Sie vielleicht eine noch tiefere Entspannung erreichen. Das gelingt mit einer ähnlichen Übung, die seit Jahrhunderten zu den östlichen spirituellen Praktiken gehört. Sie ist kein notwendiger Bestandteil des Entspannungsprogramms, das wir in diesem Buch vorstellen, aber eine klassische Meditationstechnik, die Sie immer wieder anwenden können.

1. Setzen oder legen Sie sich bequem hin. Atmen Sie mehrere Male tief ein und aus. Schließen Sie die Augen, oder fixieren Sie einen Punkt, der etwa eineinhalb Meter vor Ihnen liegt. Sie können dabei auch «in die Ferne schauen».

2. Atmen Sie tief, aber zwanglos in den Bauch, und konzentrieren Sie sich dabei auf jede Phase der Atmung: Einatmung, Pause, Ausatmung, Pause, Einatmung und so weiter. Achten Sie auch auf die kurzen Pausen. Welche Empfindungen bemerken Sie im Körper, wenn Sie zwischen den Atemzügen eine Pause machen?

3. Sagen Sie «eins», wenn Sie ausatmen, «zwei», wenn Sie erneut ausatmen, danach «drei» und «vier». Nach «vier» beginnen Sie wieder bei «eins». Wenn Sie sich verzählen, fangen Sie einfach wieder bei «eins» an.

4. Wenn Ihre Gedanken abwandern, nehmen Sie es zur Kenntnis und kehren sanft zur Zählung zurück. Es ist unvermeidlich, daß die Gedanken gelegentlich abschweifen, und es gehört zum Wesen der Meditation, dies zu registrieren und dann zum Objekt der Konzentration – hier ist es die Atmung – zurückzukehren.

5. Wenn eine bestimmte körperliche Empfindung Ihre Aufmerksamkeit fesselt, zum Beispiel ein Jucken oder ein Schmerz, konzentrieren Sie sich darauf, bis sie schwindet. Dann widmen Sie sich wieder dem Einatmen, Ausatmen und Zählen.

Sie können die Übung wie folgt abwandeln: Zählen Sie zunächst einige Minuten Ihre Atemzüge. Hören Sie dann mit dem Zählen auf, und konzentrieren Sie sich auf die Empfindungen beim Atmen – auf den Bauch, der sich weitet und zusammenzieht. Spüren Sie, wie der leere Raum im Bauch größer wird und dann schrumpft, während die Luft hinein- und hinausströmt? Bei dieser Übung wandern die Gedanken zunächst noch häufiger ab; denn es fehlt das Zählen, das andere Gedanken verdrängt. Lassen Sie sich davon nicht stören. Nehmen Sie einfach jeden Gedanken zur Kenntnis, und konzentrieren Sie sich dann erneut auf die Empfindungen beim Atmen. Ab und zu kommt Ihnen ein interessanter Gedanke, dem Sie gerne folgen würden. Nehmen Sie sich vor, dies nach der Meditation zu tun, und lassen Sie ihn gehen. Natürlich gibt es auch Geräusche in der äußeren Welt. Registrieren Sie sie, und kehren Sie zur Atmung zurück.

Frühe Warnsignale

Die frühen Warnsignale der Wut sind körperliche Symptome, die jeder Mensch hat, bevor er «explodiert». Denken Sie an Ihren letzten Wutanfall – schließen Sie die Augen, und versuchen Sie, den Vorfall, der Sie wütend machte, noch einmal zu erleben. Achten Sie darauf, was im Körper vor sich geht.

Wie alle starken Emotionen löst auch die Wut komplexe physiologische Veränderungen aus, die den ganzen Körper betreffen. Die folgende Liste enthält nur einige der Symptome, die frühe Warnsignale der Wut sein können:

beschleunigter Puls
Herzklopfen
schwere Atmung
schnelle Atmung
Kurzatmigkeit
Hitzegefühl
Hautrötung
Schweißausbruch
Magenkrämpfe
Enge in der Brust oder im Bauch
verspannte Muskeln (Hals, Schultern, Arme, Fäuste)
Zähneknirschen
verengte Augen
das Licht erscheint heller oder trüber
eingeengter Blickwinkel
Geräusche erscheinen lauter oder leiser
Benommenheit, Schwindel

Wenn Sie wieder einmal wütend werden, achten Sie darauf, welche Symptome sich *zuerst* einstellen. Das sind Ihre frühen

Warnsignale. Sobald Sie sie wahrnehmen, sollten Sie tief atmen und die Wut mit Hilfe von Schlüsselwörtern zügeln.

Jake war ein Maler, der sehr auf seine guten und teuren Pinsel achtete. Eines Nachmittags erwachte er von einem Nickerchen und ging auf die Veranda, wo sein vierjähriger Sohn Arthur mit Papas Lieblingspinsel und Apfelsaft «malte». Als Jake sah, wie Arthur mit dem klebrigen Pinsel über den schmutzigen Zementboden strich, verkrampfte sich sein Magen, und sein Gesicht wurde heiß.

Das waren seine frühen Warnsignale. Sie sagten ihm, daß er sich sofort abwenden, tief atmen und «einatmen ... entspannen» denken mußte, bevor er ein Wort zu Arthur sagte. Das bewahrte ihn davor, seinen glückselig spielenden Sohn anzubrüllen und zu erschrecken. Es gelang ihm, seinen Lieblingspinsel zu retten und durch einen alten, bereits unbrauchbaren Pinsel zu ersetzen. Er sagte: «Hier – dieser Pinsel ist für Kinder. Du darfst ihn behalten.»

Innehalten und atmen – Minipausen für Eltern

Diese Technik ermöglicht es Ihnen, mit Momenten der Wut fertig zu werden, indem Sie den Mund zumachen, Ihre Gedanken anhalten und die Lungen öffnen. Sobald Sie frühe Warnsignale bemerken, gehen Sie wie folgt vor:

1. Verwenden Sie kurze Entgegnungen. Sagen Sie fest und bestimmt zu sich selbst: «Entspanne dich. Du wirst damit fertig. Du kannst ruhig bleiben.» Natürlich können Sie diese Worte umformulieren. Experimentieren Sie, bis Sie Worte finden, die Sie gut behalten können und die am wirksamsten sind. Hier sind einige Beispiele für nützliche Entgegnungen: Keine Wut, kein Gebrüll.

Stopp! Warte! Erst nachdenken.
Ruhe, Frieden, Vernunft.
Versuche, dich abzuregen.

2. Konzentrieren Sie sich auf die Atmung. Sagen Sie: «Einatmen ... entspannen.» Machen Sie lange, langsame Atemzüge, atmen Sie durch die Nase ein und durch den Mund aus wie bei der Tiefatmung. Sie brauchen sich nicht auf den Boden zu legen; aber Sie können die Hände auf den Bauch legen, damit Sie nicht vergessen, tief und natürlich zu atmen.

3. Wenn es möglich ist, sollten Sie sich buchstäblich von der Szene abwenden. Drehen Sie Ihrer Tochter, die das neue Sofa als Trampolin benutzt, den Rücken zu, und wenden Sie sich von Ihrem Sohn ab, der sich weigert, das Videospiel abzustellen. Dadurch schaffen Sie eine gewisse Distanz zu Ihrem Kind. Es ist eine Minipause, in der Sie sich ein wenig von der Situation distanzieren und ruhiger werden können.

4. Wenn Sie bereits vor Wut kochen, ist es keine schlechte Idee, die Trennung zu verstärken und das Zimmer zu verlassen. Dann haben Sie Zeit, sich zu beruhigen, die Situation nüchtern zu bewerten und sich eine konstruktive Reaktion auszudenken.

Mit dieser einfachen Technik erreichen Sie dreierlei:

- Sie überwinden Gedanken, die Wut auslösen, und konzentrieren sich auf die Entspannung.

- Sie bauen Streß ab, indem Sie langsamer und tiefer atmen. Sie können nicht wütend sein und gleichzeitig lange, langsame Atemzüge machen.

- Sie gewinnen Zeit und können überlegen, was Sie sagen und tun sollen. Unsere Großmütter hatten recht, als sie uns rieten, zuerst bis zehn zu zählen!

Was Ihr Kind wirklich braucht

Anstatt sich immer wieder in sinnlose Streitereien zu verstricken, können Sie Ihre Wut manchmal überlisten, indem Sie Ihrem Kind geben, was es *wirklich* braucht.

Darüber können Sie sich Gedanken machen, nachdem Sie Ihrer Wut mit Entgegnungen wie «Bleib ruhig!» Einhalt geboten haben. Fragen Sie sich dann, was das Verhalten Ihres Kindes bedeutet, wie Sie es in Kapitel 4 gelernt haben.

Gebraucht Ihr Sohn Schimpfworte, um Sie oder andere Kinder auf sich aufmerksam zu machen? Gibt Ihre Tochter an, damit man sie lobt? Vielleicht will Ihr Sohn etwas haben und weiß nicht, wie er Sie direkt darum bitten soll, oder er möchte testen, wie weit er im Supermarkt oder im Auto gehen darf.

Möglicherweise hat Ihr Kind ein Bedürfnis, von dem es selbst nichts weiß. Vielleicht ist Ihre Tochter weinerlich und lästig, weil sie Hunger hat. Will Ihr kleiner Sohn Ihnen etwas sagen, wenn er sich weigert, schlafen zu gehen? Es kann sein, daß er sich vor der Dunkelheit fürchtet. Dann können Sie das Problem mit einer Nachttischlampe in der Ecke lösen. Vielleicht braucht er nur eine Umarmung und einen Kuß oder eine Gutenachtgeschichte, die ihn von der Schule am nächsten Tag ablenkt.

Wenn Sie herausfinden wollen, was Ihr Kind braucht, ist es oft notwendig, sich in seine Lage zu versetzen. Versuchen Sie zu fühlen, wie ein drei- oder fünf- oder neunjähriges Kind sich fühlt. Stellen Sie sich vor, wie es ist, klein und schwach zu sein, sich nicht klar ausdrücken zu können, viele Worte und Regeln der Erwachsenen nicht zu kennen. Stellen Sie sich vor, Sie seien vollständig von riesigen, rätselhaften Erwachsenen abhängig.

Wenn Sie eine Ahnung haben, was Ihr Kind wirklich braucht, geben Sie es ihm und warten Sie ab, was geschieht. Im Grunde können Sie dabei nichts falsch machen. Bestenfalls bezähmen Sie Ihre Wut und erfüllen den Wunsch des Kindes – dann ist der Konflikt beigelegt. Schlimmstenfalls haben Sie sich geirrt und müssen einen neuen Versuch machen – aber Sie haben einem Wutanfall vorgebeugt.

Die folgende Liste vermittelt Ihnen eine Vorstellung davon, was Kinder häufig brauchen. Machen Sie sich ein halbes Dutzend Kopien davon. Denken Sie dann zurück an die letzten sechs Vorfälle in Ihrer Familie, die bei Ihnen Wut ausgelöst haben, und prüfen Sie, auf welche Bedürfnisse des Kindes Sie hätten eingehen können, anstatt wütend zu werden. Schreiben Sie auch kurz auf, was Sie künftig in ähnlichen Situationen tun können.

6. Ändern Sie Ihr Verhalten

Situation: _____

_____

_____

_____

Mögliches Bedürfnis   **Positive Reaktion**

____ Essen

____ Trinken

____ Ruhe

____ Zeit, sich abzuregen

____ Schlaf

____ Sicherheit

____ Zuwendung

____ Umarmung, Kuß

____ Lob

____ Abwechslung, Ablenkung

____ Hilfe bei einer Tätigkeit

____ Hilfe bei einem Problem

____ Jemand, der zuhört

____ Freiheit, Unabhängigkeit, Macht

____ Klare Regeln und Grenzen

____ Beständigkeit

____ Anregung, Aktivität

____ _____

____ _____

Beispiel

Jane benutzte diese Liste, um bei Autofahrten besser mit ihren drei und fünf Jahre alten Töchtern zurechtzukommen.

Situation: Fahrt zur Oma, 3 Stunden im Auto, die Kinder jammern und streiten. Ich schreie sie an und verlange Ruhe.

Mögliches Bedürfnis	Positive Reaktion
_X_ Essen	öfter Obst geben
_X_ Trinken	Fruchtsaft geben
_X_ Ruhe	öfter Pausen einlegen
____ Zeit, sich abzuregen	
_X_ Schlaf	die Kleine nach vorne holen für ein Nickerchen
____ Sicherheit	
____ Zuwendung	
____ Umarmung, Kuß	
_X_ Lob	loben, wenn sie brav sind
_X_ Abwechslung, Ablenkung	Kassetten und Spiele für Kinder mitnehmen
____ Hilfe bei einer Tätigkeit	
____ Hilfe bei einem Problem	
____ Jemand, der zuhört	
____ Freiheit, Unabhängigkeit, Macht	
_X_ klare Regeln und Grenzen	anschnallen, keine Raufereien
____ Beständigkeit	
_X_ Anregung, Aktivität	während der Pausen um die Wette laufen, Frisbee spielen

Was Sie meiden sollten

Wenn Sie Alkohol trinken oder Drogen nehmen, können Sie Ihre Probleme nur verschlimmern. Schon nach einem oder zwei Drinks reagieren Sie im Umgang mit Ihren Kindern gereizter. Selbst wenn Alkohol Sie normalerweise fröhlicher macht, beseitigt er Hemmungen und trübt die Urteilskraft. In einer kritischen Situation sind Sie dann anfälliger für Wutausbrüche und Fehler. Auch während der Katerstimmung nach dem Alkohol- oder Drogenkonsum sind Sie leicht reizbar.

7 Ändern Sie Ihre Worte

In diesem Kapitel geht es darum, wie Sie wütende Worte durch konstruktive Worte ersetzen können. Wütende Worte sind meist unwirksam – Ihr Kind wird zwar auf Sie aufmerksam, aber es ändert sein Verhalten nicht, und die alten Probleme tauchen immer wieder auf.

Warum Wut nichts bewirkt

Als Mutter oder Vater wollen Sie Ihr Kind zu einem reifen, verantwortungsbewußten Erwachsenen erziehen. Das ist Ihr wichtigstes Ziel. Ihr Kind muß also lernen, Entscheidungen zu treffen und die Verantwortung für die Folgen zu übernehmen. Wut kann dem Kind dabei nicht helfen; sie stört sogar den Lernprozeß, und zwar aus folgenden Gründen:

- Ihre Wut – Schreien nicht weniger als ein Klaps – ist für Ihr Kind eine Strafe. Strafe macht ein Kind nicht verantwortungsbewußt; meist lernt es nur, der Strafe geschickt zu entgehen. Wenn Sie ein Kind anschreien, das Sie beim Stehlen von Keksen erwischt haben, lernt es *möglicherweise*, daß es diese Szene vermeiden kann, indem es keine Kekse stibitzt. Wahrscheinlicher ist jedoch, daß es lernt: «Ich kann diese Szene vermeiden, wenn ich mich nicht erwischen lasse.»

- Ihre Wut verängstigt Ihr Kind. Es weiß, daß Sie größer und stärker sind und ihm weh tun können. Wenn Sie wütend sind,

sind Sie laut und haben offensichtlich die Beherrschung verloren – und darum sind Sie noch furchterregender. Wer sich fürchtet, lernt aber nicht viel.

- Ihre Wut löst oft Wut im Kind aus – und den Wunsch, sich zu rächen. Um verantwortungsbewußt zu werden, muß ein Kind einen Zusammenhang zwischen seinem Tun und anerkannten Regeln herstellen. Wenn Ihr Kind zornig ist oder nach Rache dürstet, kann es nichts über Verantwortung lernen. Diese Tatsache – daß Wut durch Wut erzeugt wird – setzt in vielen Familien eine Spirale der Strafe und der Rache in Gang.

Aber wenn Wut nicht die Antwort ist, was dann?

Klare Kommunikation mit dem Kind

Es ist nicht selbstverständlich, daß Ihr Kind tut, was Sie wollen, und wenn es gar nicht weiß, was Sie wollen, sind die Aussichten dafür noch geringer. Im allgemeinen sind Kinder durchaus bemüht, es ihren Eltern recht zu machen. Wenn sie genau wissen, was die Eltern von ihnen erwarten, nimmt ihr Eifer zu. Durch eindeutige Kommunikation geben Sie dem Kind präzise Informationen über Ihre Erwartungen. Eine klare Botschaft besteht aus drei Teilen: 1. Sie beschreiben, wie Sie auf das Verhalten des Kindes reagieren oder was Sie dabei fühlen; 2. Sie erklären, warum sein Verhalten Sie stört; 3. Sie sagen ihm, was es anders machen soll.

Gefühle identifizieren

Der erste Schritt besteht darin, Gefühle *neben der Wut* zu identifizieren, die das Verhalten des Kindes in Ihnen ausgelöst hat. Als Emily plötzlich die Hand wegzog, während sie mit ihrem Vater die Straße überquerte, erschreckte sie ihn sehr. Als Rickie im Supermarkt einen Koller bekam, fühlte seine Mutter sich hilflos und schämte sich. Und als Kai in der Küche ein Chaos hinterließ, war seine Mutter frustriert. Beschreiben Sie in den leeren Feldern unten kurz einige ähnliche Vorfälle, und notieren Sie darunter Ihre Gefühle (außer der Wut). Wenn Sie über Ihre Gefühle nicht ganz im klaren sind, kann die folgende Liste Ihnen vielleicht helfen (sie ist natürlich nicht abschließend):

ängstlich	erschöpft	nervös
bedroht	aufgebracht	traurig
besorgt	erschrocken	unbeachtet
beunruhigt	frustriert	verärgert
entsetzt	hilflos	verlegen
enttäuscht	mutlos	verspannt

Was ich fühlte

Situation 1: _____

Was ich fühlte: _____

Situation 2: _____

Was ich fühlte: _____

Situation 3: _____

Was ich fühlte: _____

Gefühle verstehen

Als nächsten Schritt untersuchen Sie, warum das Verhalten Ihres Kindes Sie so getroffen hat. Warum fühlen Sie sich ängstlich, enttäuscht, verärgert oder bedroht? Emilys Vater war erschrocken, weil er das Leben seiner Tochter in Gefahr sah. Rickies Mutter war von seinem Benehmen peinlich berührt, weil es ihrer Meinung nach ein schlechtes Licht auf ihre Rolle als Mutter warf. Sie fühlte sich hilflos, weil gutes Zureden nichts half. Kais Mutter war frustriert, weil sie müde war und die ganze Küche aufräumen mußte, ehe sie das Essen zubereiten konnte.

Denken Sie noch einmal über die drei Situationen nach, die Sie oben beschrieben haben, und erleben Sie Ihre Gefühle von neuem. Erläutern Sie dann unten in Stichworten, warum Sie vom Verhalten Ihres Kindes so betroffen waren, warum Sie sich so gefühlt haben.

Warum habe ich mich so gefühlt?

Situation 1: _____

_____

Situation 2: _____

_____

Situation 3: _____

_____

Was erwarten Sie?

Als dritten Schritt beschreiben Sie, was Sie von Ihrem Kind in der geschilderten Situation erwartet haben. Drücken Sie sich möglichst klar aus. «Ich will, daß du tust, was ich dir sage!» ist zu vage. «Ich will, daß du dein Zimmer aufräumst» ist immer noch nicht klar genug. Besser wäre: «Ich möchte, daß du die Kleider vom Boden aufhebst und sie in den Schrank hängst. Wenn sie schmutzig sind, legst du sie in den Korb für die Schmutzwäsche. Die schmutzigen Teller bringst du in die Küche und stellst sie auf den Spültisch. Und deine Bücher und Spielsachen legst du in ihre Schublade.» Je klarer Sie sich ausdrücken, desto weniger Mißverständnisse entstehen.

Emilys Vater könnte zu seiner Tochter sagen: «Ich möchte, daß du meine Hand so lange hältst, bis wir auf der anderen Seite sind.» Rickies Mutter könnte ihren Sohn bitten: «Sag mir, wie enttäuscht du bist, wenn ich keine Süßigkeiten kaufe.» Und Kais Mutter könnte ihren Sohn so ermahnen: «Wenn du zwischendurch etwas ißt, mußt du zurückstellen, was du geholt hast, und den schmutzigen Teller in den Geschirrspüler stecken. Und vergiß nicht, den Tisch mit dem Schwamm abzuwischen.»

Schreiben Sie jetzt auf, was Sie von Ihrem Kind in den drei oben geschilderten Situationen erwarten. Seien Sie so klar und eindeutig wie möglich.

Was will ich?

Situation 1: _____

_____

Situation 2: _____

_____

Situation 3: _____

_____

Vervollständigen Sie die Botschaft

Wenn Sie diese drei Komponenten – Ihre Gefühle, die Gründe dafür und Ihre Erwartungen – vereinigen, verfügt Ihr Kind über alle Informationen, die es braucht, um sich künftig richtig verhalten zu können. (Denken Sie daran: Ein Kind verhält sich nicht unbedingt so, wie Sie es wollen; aber es sollte wenigstens wissen, wie es sich verhalten soll.)

Eine vollständige, klare Botschaft sieht etwa so aus:

«Wenn du _____ (Beschreibung des Verhaltens), fühle ich mich _____, weil _____. Ich möchte, daß du _____.» Diese klare Kommunikation ist deshalb so wirksam, weil sie das Kind nicht angreift oder kritisiert. Die Botschaft «Du bist böse!» drückt Wut aus. Hier wird sie durch eine klare Beschreibung Ihrer Gefühle und Erwartungen ersetzt.

Emilys Vater könnte seine Botschaft so formulieren: «Wenn du dich mitten auf der Straße losreißt, bekomme ich Angst, weil ein Auto dich überfahren könnte. Darum möchte ich, daß du meine Hand hältst, bis wir auf der anderen Seite sind.»

Rickies Mutter könnte sich so ausdrücken: «Wenn du dich in einem Geschäft so benimmst, kaufe ich dir keinen Schokoriegel. Ich schäme mich, weil andere Leute denken, daß ich meinem Sohn nicht beibringe, wie man sich anständig benimmt. Und ich fühle mich hilflos, weil ich mit dir nicht reden kann, wenn du in diesem Zustand bist. Wenn du enttäuscht bist, möchte ich, daß du es mir *sagst*.»

Für Kais Mutter käme diese Botschaft in Betracht: «Wenn du die Küche so schmutzig machst, bin ich traurig, weil ich aufräumen muß, damit ich das Essen machen kann. Wenn du eine Kleinigkeit ißt, mußt du hinterher das Essen zurückstellen, den Teller in den Geschirrspüler stecken und den Tisch mit dem Schwamm abwischen.»

Formulieren Sie nun aus den drei Teilen, die Sie bereits notiert haben, eine vollständige, klare Botschaft, die Ihrem Kind genau sagt, was Sie von ihm erwarten:

Situation 1: _____

_____

Situation 2: _____

_____

Situation 3: _____

_____

Es ist nicht immer notwendig, alle drei Teile der Botschaft zu verwenden. Das erübrigt sich vor allem dann, wenn ein Verhalten sich wiederholt. Wenn Sie Ihre Gefühle bereits beim ersten-

mal ausgedrückt haben, genügt beim zweitenmal oft eine ver-
kürzte Version. Emilys Vater kann seine Tochter mit wenigen
Worten ermahnen, wenn er mit ihr über eine Straße gehen will:
«Die Hand, Emily!» Rickies Mutter könnte ihren Sohn auffordern: «Sag mir, was du hast!» Und wenn Kais Mutter die Küche
betritt, um das Essen zuzubereiten, könnte sie sagen: «Kai, sau-
bermachen!»

Übungen für die klare Kommunikation

Lesen Sie die folgenden Beispiele, und formulieren Sie Bot-
schaften, die dem Kind sagen, was Sie von ihm erwarten. Vorschläge finden Sie am Ende der Übung.

1. Der neunjährige Andy bringt aus der Schule einen Brief seiner Lehrerin mit, in dem es heißt, er habe seine Abschluß-
   arbeit für das Schulhalbjahr nicht mitgebracht. Andy sagt,
   er habe sie verloren. Sie haben viele Stunden damit verbracht, ihm dabei zu helfen, und haben darauf geachtet, daß
   sie rechtzeitig fertig war.

   _____

   _____

   _____

   _____

2. Die fünfjährige Meg ist zufrieden, wenn sie alleine spielt.
   Kaum gehen Sie jedoch ans Telefon, um jemanden anzuru-
   fen, hängt sie an Ihrem Arm, stellt Fragen und will mit Ihnen
   reden.

_____

_____

_____

_____

3. Der einjährige Ben «spielt» gerne mit seiner vier Jahre alten Schwester Hallie. Er wirft ihre Baukastenburgen um und zerstört ihre Puzzles. Hallie wehrt sich mit Schlägen. Die Folge ist meist, daß Ben in Tränen ausbricht und Hallie einen Klaps bekommt. Diesmal wollen Sie es anders machen.

_____

_____

_____

_____

4. Der achtjährige Tommy hat hundert Ausreden, wenn er schlafen gehen soll. Endlich ist er im Bett, und Sie widmen sich den Akten, die Sie mit nach Hause genommen haben. Plötzlich ist Tommy wieder da. Ihm ist eingefallen, daß er Ihnen noch etwas sagen muß.

_____

_____

_____

_____

Mögliche Reaktionen

1. Andy, wenn ich viel Zeit opfere, um dir bei einer Schularbeit zu helfen, und du sie verlierst, bin ich sehr enttäuscht. Ich möchte, daß du in Zukunft besser auf deine Hausarbeiten aufpaßt. Und jetzt möchte ich, daß du noch einmal gründlich danach suchst.

2. (Nachdem Sie sich am Telefon einen Moment entschuldigt haben:) Meg, wenn du mich am Telefon unterbrichst, ärgere ich mich. Ich kann nicht gleichzeitig telefonieren und mit dir reden. Ich möchte, daß du wartest, bis ich fertig bin, und mich erst dann ansprichst, außer es ist etwas sehr Wichtiges.

3. Hallie, ich bin enttäuscht und verärgert, wenn du Ben schlägst. Er ist doch noch ein Baby und will dich gar nicht ärgern. Ich habe auch Angst, daß du ihn verletzt. Wenn du fürchtest, daß er deine Spiele durcheinanderbringt, dann sag es mir, und ich hole ihn. Aber du darfst ihn nicht schlagen.

4. Tommy, es ärgert mich, wenn du dich so benimmst. Jetzt muß ich länger aufbleiben, damit ich mit meiner Arbeit fertig werde, und dann bin ich morgen müde. Wenn dir etwas einfällt, was du mir sagen mußt, oder wenn du noch etwas erledigen mußt, bevor du morgen in die Schule gehst, dann möchte ich, daß du es dir aufschreibst. Dann vergißt du es bis morgen nicht, und wir können uns darum kümmern.

Wahlmöglichkeiten und Konsequenzen

Manchmal können Sie Streit mit Ihrem Kind vermeiden, wenn Sie ihm eine Wahlmöglichkeit geben. Lassen Sie es entscheiden, wann, wie oder mit wem es eine Aufgabe erfüllt – aber nicht, *ob* es sie erfüllt. Wenn Sie wollen, daß Ihre Tochter badet, fragen Sie sie, ob sie ihr Buch vorher oder nachher lesen möchte; ob sie Schaum im Bad haben möchte oder nicht; ob Mama oder Papa sie baden soll. Fragen Sie sie aber nicht, ob sie baden möchte. Wenn Sie Kindern solche Wahlmöglichkeiten geben, lernen sie, eigene Entscheidungen zu treffen, und sie merken, daß Sie ihre Entscheidungen respektieren.

Wenn Sie Ihrem Kind klargemacht haben, was Sie von ihm erwarten, dann hat es letztlich immer eine Wahl: zu gehorchen oder nicht zu gehorchen. Wenn es nicht gehorcht, muß es die Folgen seiner Weigerung tragen, und wenn es tut, was es soll, darf es positive Reaktionen erwarten, wobei Ihre Freude und Ihr Lob nicht die geringste ist. Es ist wichtig, daß Kinder lernen, Entscheidungen zu treffen; aber es ist auch wichtig, daß sie lernen, die Verantwortung dafür zu übernehmen.

Ihre Aufgabe ist es, angemessene Konsequenzen für ein Fehlverhalten festzulegen. Dabei sollten Sie drei wichtige Punkte beachten:

- Die Konsequenzen müssen mit dem Fehlverhalten zusammenhängen.

- Wenn Sie über die Konsequenzen entschieden haben, müssen Sie bereit sein, sie *durchzusetzen*.

- Sie müssen dem Kind die Konsequenzen ruhig, ohne Wut und ohne Vorwürfe mitteilen. Sie sind sozusagen nur eine neutrale Instanz, die das durchführt, wofür Ihr Kind sich selbst entschieden hat. Die Aussage «Ich glaube, du hast dich dafür entschieden...» ist ein guter Rahmen für die Botschaft.

Es ist unerläßlich, daß Ihr Kind den Zusammenhang zwischen den Konsequenzen und seinem falschen Verhalten begreift. Wenn Ihre Zweijährige mit ihrer Milch spielt und sie auf dem Boden verschüttet, können Sie sie in ihr Zimmer schicken oder zusehen, wie sie putzt. Wenn Sie die Kleine wegschicken, empfindet sie das als Strafe und wird zornig. Schlimmer noch: Sie lernt nichts dabei. Sie sollte lernen, daß man aufwischen muß, was man verschüttet hat – daß man verantworten muß, was man tut.

Selbstverständlich müssen Sie auch das rechte Maß finden. Einer kleinen Übertretung sollte eine schwache Reaktion folgen. Wenn Ihre Tochter die Milch verschüttet, wäre es unangemessen anzuordnen, daß sie einen Monat lang allein in der Küche essen muß. Wenn Sie alle Wände vollkritzelt, genügt es nicht, ihr die Buntstifte eine Stunde lang wegzunehmen. Ihr Kind lernt wenig, wenn sein Verhalten und dessen Folgen nicht in einem ausgewogenen Verhältnis stehen. Denken Sie auch daran, bei Ihren Erwartungen und bei den Reaktionen die Entwicklungsphase des Kindes zu berücksichtigen. Eine Zweijährige wird den Fußboden nicht so gut säubern wie eine Fünfjährige.

Wenn Sie ein Kind vor den Folgen einer Entscheidung warnen, ist es sehr wichtig, daß Sie nicht nachgeben. Drohen Sie nicht damit, eine Geburtstagsfeier abzusagen, wenn Sie nicht vorhaben, genau das zu tun. Sagen Sie dem Kind nicht, daß Sie den Campingausflug streichen, wenn Sie schon das Gegenteil beschlossen haben. Wenn Sie die angedrohten Konsequenzen nicht durchsetzen, lernt Ihr Kind, daß Sie nicht meinen, was Sie sagen, und daß es Ihnen nicht trauen kann.

Teilen Sie dem Kind die Konsequenzen mit, ohne wütend zu werden oder ihm Vorwürfe zu machen. Darauf kann nicht eindringlich genug hingewiesen werden. Wie bereits erwähnt, ist Wut eine Strafe für das Kind und verhindert, daß es lernt, die Verantwortung für seine Entscheidungen zu übernehmen. Betrachten Sie sich als neutrale Person, die die Folgen durchführt, für die das Kind sich selbst entschieden hat. Ihr Kind hatte eine Wahl; es hat sich entschieden, und nun präsentieren Sie ihm die Konsequenzen.

Übung

Es ist am besten, wenn Sie im voraus mögliche Konsequenzen für die häufigsten kleinen Sünden Ihres Kindes festlegen. Sobald Sie dem Kind erklärt haben, was Sie von ihm erwarten, sollten Sie ihm auch sagen, was geschieht, wenn es diese Erwartungen erfüllt oder nicht erfüllt. Denken Sie beispielsweise an Emily, die sich von ihrem Vater mitten auf der Straße losriß. Nachdem der Vater ihr erklärt hat, was er künftig von ihr erwartet – daß sie bis zur anderen Straßenseite seine Hand hält –, kann er hinzufügen: «Wenn du meine Hand hältst, können wir zusammen über die Straße gehen. Wenn du es nicht tust, muß ich dich hinübertragen.»

Oder denken Sie an Rickie, der im Supermarkt einen Wutanfall bekam, weil seine Mutter ihm nichts Süßes kaufen wollte. Nachdem sie ihm erklärt hat, daß er in Zukunft sagen soll, was ihm nicht gefällt, sollte sie ihn auf die Folgen weiteren Ungehorsams hinweisen. Schreiben Sie nun auf, wie Rickies Mutter Ihrer Meinung nach die Alternative formulieren und welche Konsequenzen sie festlegen sollte.

Alternative und Konsequenzen: _____

_____

_____

_____

Mögliche Antwort: «Wenn du zornig werden willst, gehen wir sofort nach Hause, und ich kaufe das nächste Mal alleine ein. Wenn du mir sagst, daß du enttäuscht bist, darfst du mich auch in Zukunft begleiten.»

Denken Sie jetzt an Kai, der die Küche in Unordnung gebracht hat. Seine Mutter hat ihm klargemacht, was sie von ihm erwartet. Schreiben Sie auf, vor welche Alternative sie ihn stellen und welche Konsequenzen sie damit verbinden kann:

Alternative und Konsequenzen: _____

_____

_____

_____

Mögliche Antwort: Kais Mutter könnte zum Beispiel sagen: «Wenn du die Küche so schmutzig zurückläßt, kann ich das Essen nicht machen. Dann mußt du selbst für dich sorgen.»

Schreiben Sie jetzt die drei falschen Verhaltensweisen auf, die bei Ihrem Kind am häufigsten vorkommen, und formulieren Sie eine Alternative sowie eine damit zusammenhängende Konsequenz, als ob Sie das Kind direkt ansprechen würden:

Fehlverhalten 1: _____

Alternative und Konsequenzen: _____

Fehlverhalten 2: _____

Alternative und Konsequenzen: _____

Fehlverhalten 3: _____

Alternative und Konsequenzen: _____

Auszeit – eine spezielle Konsequenz

Wenn Sie sich für Sport interessieren, kennen Sie die «Auszeit» («Time-out»): Ein Spiel wird kurz unterbrochen. Für uns bedeutet die Auszeit: Das Kind geht für eine bestimmte Zeit in sein Zimmer (bei kleinen Kindern genügen ein paar Minuten). Das ist keine Strafe – das Kind geht in sein Zimmer und darf mit seinen Sachen spielen –; es ist eine Zeit zum Nachdenken. Wenn ein Kind beschließt, vor anderen Leuten unartig zu sein, braucht es ein wenig Zeit für sich. Aufmerksamkeit ist eine starke Belohnung, und darum erzielen Sie eine nachhaltige Wirkung, wenn Sie dem Kind Ihre Aufmerksamkeit entziehen. Manche Eltern schicken das Kind ins Badezimmer, weil es dort langweilig ist und das Kind nicht so leicht abgelenkt wird, so daß es besser über sein Verhalten nachdenken kann. Ein kleines Kind dürfen Sie jedoch nur allein lassen, wenn es nicht gefährdet ist. (Anm. d. Red.: Bei der Auszeit sollten die individuelle Verfassung und das Alter des Kindes berücksichtigt werden. Das Kind sollte schon fähig sein, sich in gewisser Weise zu reflektieren.)

Auszeiten als Konsequenz für Fehlverhalten vor anderen Leuten sind am wirksamsten – dann hängt das Verhalten offenkundig mit der Folge zusammen. Wenn Ihr Kind sich weigert, vor dem Schlafengehen seine Spielsachen aufzuräumen, können Sie zu ihm sagen: «Wenn ich warten muß, bis du aufgeräumt hast, habe ich keine Zeit mehr, dir eine Geschichte zu erzählen.» Oder: «Wenn deine Spielsachen dich so wenig interessieren, daß du sie einfach herumliegen läßt, mußt du sie morgen in der Kiste lassen.» Wenig sinnvoll wäre die Feststellung: «Wenn du deine Sachen nicht aufräumst, brauchst du eine Auszeit.» Zwischen der Auszeit und der Unordentlichkeit besteht im Grunde kein Zusammenhang.

Wenn Sie Ihr Kind in die Auszeit schicken, müssen Sie die

Ruhe bewahren. Ihre Stimme darf weder zornig noch vorwurfsvoll klingen. Wenn Sie die Beherrschung verlieren, haben Sie die Situation nicht mehr im Griff. Denken Sie daran, daß Sie Ihrem Kind lediglich beibringen, für sein Verhalten die Verantwortung zu übernehmen.

Stellen Sie einen Wecker ins Zimmer des Kindes (außerhalb seiner Reichweite), damit es weiß, wann die Auszeit vorbei ist. Da das Klingeln dem Kind signalisiert, daß es hinausgehen darf, brauchen Sie sich nicht als Gefängniswärter zu fühlen. Bei Kindern unter zwei Jahren ist kein Wecker erforderlich. Sagen Sie ihnen einfach, sie dürften das Zimmer verlassen, sobald sie beschlossen hätten, sich besser zu benehmen und nicht mehr zu schlagen, zu beißen, zu kneifen und so weiter.

Wichtig ist, daß Sie Ihrem Kind vorher erklären, was eine Auszeit ist. Sagen Sie zum Beispiel: «Wenn du dich vor anderen Leuten nicht anständig benehmen kannst, mußt du eine Weile allein sein.» In manchen Fällen leuchtet es dem Kind unmittelbar ein, warum es eine Auszeit braucht, nämlich wenn es schlägt, tritt, spuckt, beißt, ungehörige Worte benutzt oder schreit. Manchmal müssen Sie ihm den Grund genauer erklären, etwa wenn es beim Spielen mit anderen zu laut ist. Machen Sie dem Kind auch klar, daß die Auszeit sich um ein paar Minuten verlängert, wenn es sie nicht sofort antritt. Wenn das Kind zu früh aus dem Zimmer kommt, beginnt die Auszeit von vorne.

Sobald das Kind das Prinzip verstanden hat, können Sie eine Auszeit ohne vorherige Warnung verhängen; aber es schadet nicht, wenn Sie ein kleines Kind, das sich anschickt, jemanden zu schlagen, noch einmal auf die Regel aufmerksam machen: «Andere Leute darf man nicht schlagen.» Wenn das Kind die Ermahnung nicht beachtet, bekommt es eine Auszeit. Ältere Kinder, die sich besser beherrschen können, brauchen Sie meist nicht an solche Regeln zu erinnern.

Konsequenz ist bei der Auszeit unerläßlich. Wenn Sie Ihrem Kind eine Auszeit für den Fall androhen, daß es andere schlägt, müssen Sie diese Ankündigung bei *jeder* Übertretung wahr machen. Wenn Ihre Tochter zuviel Lärm macht, während Sie sich mit Gästen unterhalten, können Sie sie auffordern, ruhig zu sein oder eine Auszeit in ihrem Zimmer zu verbringen – aber Sie müssen hart bleiben, wenn der Krawall nicht aufhört. Es nützt nichts, immer nur zu drohen; dadurch verlieren Sie schnell Ihre Glaubwürdigkeit.

Besondere Situationen

Wenn Sie zum erstenmal eine Auszeit anordnen, wird Ihr Kind sich wahrscheinlich widersetzen. Stellen Sie es dann vor die Alternative, selbst zu gehen oder getragen zu werden. Wenn es sich immer noch weigert, sagen Sie ganz ruhig: «Ich sehe schon, du willst getragen werden.» Tragen Sie es dann in sein Zimmer, und setzen Sie es dort sanft ab. (Denken Sie daran, daß die Auszeit keine Strafe ist. Seien Sie konsequent, ohne wütend zu werden.) Sagen Sie dem Kind, daß es das Zimmer verlassen darf, wenn der Wecker klingelt. Sollte das Kind Sie anschreien oder auf andere Weise ungezogen sein, bleiben Sie ruhig und fügen Sie der Auszeit eine Minute hinzu.

Wenn Ihr Kind während der Auszeit nicht im Zimmer bleibt, erinnern Sie es daran, daß die Auszeit in diesem Fall noch einmal von vorne beginnt. Lassen Sie sich nicht darauf ein, das Kind ein dutzendmal ins Zimmer zu tragen. Weisen Sie es einfach darauf hin, daß es außerhalb seines Zimmers nichts tun darf, solange es die Auszeit nicht abgesessen hat.

Wenn das Kind kreischt und schreit, gegen die Tür tritt oder im Zimmer mit Spielsachen um sich wirft, sagen Sie zu ihm: «Die Auszeit fängt erst an, wenn du ganz ruhig bist. Du sollst ja in dieser Zeit nachdenken.» Lassen Sie es die Folgen seines Tuns spüren. Wenn Ihre Tochter vor Zorn ein Spielzeug zerbricht, muß sie sich eben mit einem kaputten Spielzeug begnügen. Wenn Ihr Sohn das Bett abzieht oder das ganze Zimmer in Unordnung bringt, muß er aufräumen.

Wenn die Auszeit beendet ist, nehmen Sie Ihr Kind wieder auf, ohne wütend zu werden. Selbst ein paar Minuten können einem Kind sehr lang vorkommen.

Probleme durch Kommunikation lösen

Wenn ein Problem immer wieder vorkommt und Sie dem Kind vergebens erklärt haben, was Sie von ihm erwarten, können Sie das Kind an der Lösung des Problems beteiligen. Ein Kind ist mitunter überraschend einsichtig, was sein Fehlverhalten angeht, und weiß manchmal auch, was man dagegen tun kann. Um es herauszufinden, müssen Sie dem Kind zuhören. Ein Problem läßt sich in sechs Schritten lösen:

1. *Sprechen Sie mit dem Kind über seine Gefühle und Bedürfnisse.* Das ist wichtig. Gehen Sie nicht davon aus, daß Sie schon Bescheid wissen. Bitten Sie um Klarstellung: «Ich weiß nicht, ob ich verstanden habe, warum das ein Problem für dich ist.» Oder: «Sag mir genau, was du willst.» Oder: «Was fühlst du eigentlich dabei?» Wenn Ihr Kind nicht glaubt, daß Sie an seinen Gefühlen und Bedürfnissen wirklich interessiert sind oder wenn es Ihre Worte für bloße Lippenbekenntnisse hält, vergeuden Sie Ihre Zeit. Übrigens ist das Problem, mit dem Sie sich beschäftigen, nicht immer das eigentliche Problem. Es kann sein, daß sich ein Vorhang hebt, wenn Sie die Gefühle und Bedürfnisse des Kindes erforschen.

2. *Sprechen Sie auch über Ihre Gefühle und Bedürfnisse.* Tun Sie das kurz und bündig. Es geht nicht darum, Ihr Kind da-

von zu überzeugen, daß Ihre Gefühle oder Bedürfnisse wichtiger sind als seine. Es soll nur begreifen, daß beide, Sie und Ihr Kind, Gefühle haben und daß diese Gefühle wichtig sind.

3. *Denken Sie zunächst gemeinsam und ohne Bewertung über Lösungen nach.* Wenn möglich, lassen Sie zuerst das Kind Vorschläge machen. Akzeptieren Sie lustige Ideen ebenso wie ernste, und schreiben Sie alles kommentarlos auf.

4. *Streichen Sie Vorschläge, die entweder Ihnen oder dem Kind nicht gefallen.* Wenn Sie meinen, eine Idee sei nicht sinnvoll, sagen Sie es ohne Kommentare wie: «Das ist ein dummer Vorschlag.» Sie können auch erklären, warum Sie einen anderen Vorschlag gut finden. Wenn am Ende dieses Prozesses sämtliche Ideen durchgestrichen sind, haben Sie zwei Möglichkeiten: Sie können noch einmal über einige gestrichene Vorschläge nachdenken, oder Sie können neue Ideen suchen.

5. *Wählen Sie die beste Lösung aus (Sie können auch mehrere Ideen kombinieren).* Bevor Sie weitermachen können, brauchen Sie wenigstens eine Lösung, mit der beide einverstanden sind. Wenn noch viele Vorschläge auf der Liste stehen, entscheiden Sie mit dem Kind, welcher der beste ist.

6. *Besprechen Sie, wie die Lösung in die Tat umgesetzt werden soll.* Legen Sie fest, wie lange Sie den neuen Plan ausprobieren wollen, bevor Sie über seine Brauchbarkeit entscheiden. Am besten überlegen Sie sich gleich eine Alternative für den Fall, daß der Plan mißlingt. Es kann sich um einen anderen Vorschlag auf der Liste handeln (um die zweitbeste Idee) oder um eine Konsequenz, die Sie allein oder gemeinsam mit Ihrem Kind festlegen.

Der neunjährige Mike vergißt immer wieder, seinen Hund zu füttern. Seine Mutter hat klar und deutlich gesagt, was sie von ihm erwartet: «Mike, wenn ich sehe, wie dein Hund traurig seine leere Schüssel anstarrt, ärgere ich mich darüber, daß du das Tier vernachlässigst. Du mußt jeden Morgen daran denken, den Hund zu füttern.» Mike entschuldigt sich jedesmal und füttert den Hund. Aber an seiner Nachlässigkeit ändert sich nichts. Darum beschließt seine Mutter, das Problem mit ihm gemeinsam zu lösen. Eines Abends setzt sie sich mit ihm zusammen und spricht mit ihm darüber.

Schritt 1: Sprechen Sie mit dem Kind über seine Gefühle und Bedürfnisse.
Mutter: Mike, diese Woche hast du viermal vergessen, deinen Hund zu füttern. Ich weiß, daß du ihn gern hast und daß du ihn gut versorgen willst. Meinst du nicht, daß du einen Fehler machst?
Mike: Eigentlich nicht – früher oder später bekommt er ja sein Futter.
Mutter: Du denkst also, es ist alles in Ordnung, wenn er irgendwann sein Futter bekommt?
Mike: Na ja … ich glaube schon.

Schritt 2: Sprechen Sie auch über Ihre Gefühle und Bedürfnisse.
Mutter: Also, mir tut der Hund leid. Er bekommt oft nur zu fressen, weil ich dich daran erinnere, und manchmal muß er stundenlang warten. Mir gefällt es nicht, wenn er hungrig ist und jammert. Und ich fürchte, er bekommt überhaupt kein Futter, wenn ich dich nicht daran erinnere.

Schritt 3: Denken Sie zunächst gemeinsam und ohne Bewertung über Lösungen nach.
Mutter: Was können wir dagegen tun? Laß uns nachdenken. Ich schreibe auf, was uns einfällt. Ob unsere Ideen gut sind, überlegen wir später.

Mike: (schelmisch) Du könntest ihn selber füttern!

Mutter: (schreibt den Vorschlag auf) Das ist eine Idee. Ich habe noch eine: Wir suchen für den Hund ein Heim, wo man besser für ihn sorgt.

Mike: Nein! Ich könnte ihm einen großen Eimer mit Futter hinstellen, der für eine ganze Woche reicht.

Mutter: Oder wir helfen deinem Gedächtnis ein wenig nach: Wenn du vergißt, morgens den Hund zu füttern, darfst du nach der Schule nicht fernsehen.

Mike: Ja, das können wir machen. Vielleicht könnte ich ihn nachmittags füttern anstatt morgens? Dann hätte ich mehr Zeit und könnte gleich mit ihm spazierengehen.

Schritt 4: Streichen Sie Vorschläge, die entweder Ihnen oder dem Kind nicht zusagen.

Mutter: Wenn uns nichts weiter einfällt, schauen wir uns einmal unsere Liste an. Ich lese jeden Vorschlag vor und streiche alles durch, was dir oder mir nicht gefällt. Der erste ist: Ich könnte den Hund füttern. Tja, so geht das nicht. Er ist nicht mein Hund, darum möchte ich nicht für ihn verantwortlich sein (sie streicht diese Idee durch). Der nächste: Wir suchen für den Hund ein neues Heim, in dem es ihm bessergeht.

Mike: Nein! Das möchte ich nicht!

Mutter: Schön. Du könntest einen großen Eimer mit Futter füllen und ihn die ganze Woche daraus fressen lassen. Was würdest du sagen, wenn ich eine große Schüssel mit Essen für die ganze Woche auf den Tisch stellen würde?

Mike: Bäh! Streich das durch.

Mutter: Wenn du morgens vergißt, den Hund zu füttern, darfst du nach der Schule nicht fernsehen oder spielen.

Mike: Das findest du bestimmt gut. Aber meine nächste Idee gefällt mir besser.

Mutter: Du fütterst den Hund nachmittags, wenn du aus der

Schule kommst? Damit bin ich auch einverstanden. Jetzt haben wir also zwei mögliche Lösungen.

Schritt 5: Wählen Sie die beste Lösung aus (Sie können auch mehrere Ideen kombinieren).

Mutter: Was klappt wohl am besten?

Mike: Ich möchte versuchen, ihn nachmittags zu füttern, nach der Schule.

Schritt 6: Besprechen Sie, wie die Lösung in die Tat umgesetzt werden soll.

Mutter: Das hört sich ja gut an. Wann fangen wir an, und wann überprüfen wir, ob es klappt?

Mike: Morgen fange ich an. Falls ich den Hund nicht gefüttert habe, wenn du nach Hause kommst, sehe ich nicht fern. Wir können es ja eine Woche probieren, dann sehen wir, ob es so geht.

Mutter: Sehr gut. Es freut mich, daß du dieses Problem mit mir lösen willst. (Sie bestärkt das Kind in seiner Bereitschaft, Probleme auf diese Art zu lösen.)

Zu einer guten Erziehung gehört, daß die Eltern ihr Kind respektieren. Wenn Sie bei jedem Versuch, Probleme zu lösen, Respekt für die Gefühle, Bedürfnisse und Ideen Ihres Kindes ausdrücken, verbessert sich Ihr Verhältnis zum Kind, und es benimmt sich seltener daneben.

8 So bekommen Sie Ihre Wut in den Griff

In diesem Kapitel finden Sie einen Plan, der Ihnen hilft, Ihre Wut auch in besonders kritischen Situationen zu zügeln. Hier werden Techniken aus den vorigen Kapiteln zu einem «Meisterplan» kombiniert, dem Sie folgen können, wenn Sie wieder einmal mit einer problematischen Situation konfrontiert sind.

Beispiel eines «Meisterplanes»

Sallys sechsjährige Tochter Gina war ein «Morgenmuffel». Sie schleppte sich mühsam aus dem Bett, ließ sich vor dem Fernseher in einen Sessel fallen, wollte nicht frühstücken, kam meist zu spät in die Schule und hatte mindestens einmal in der Woche eine lautstarke Auseinandersetzung mit ihrer Mutter.

Sally brauchte einen Plan, um morgens nicht wütend zu werden, und da sie am frühen Morgen selbst nicht ganz auf der Höhe war, wollte sie nicht viel improvisieren. Sie dachte sich den folgenden Plan aus:

Meisterplan gegen Wut am Morgen
Problemsituation: *Gina steht spät auf, will sich nicht anziehen, will nichts essen, kommt zu spät in die Schule und kriegt einen Koller, wenn ich sie antreibe.*

Das Denken ändern

Auslöser: *Sie ist faul, gemein, widerspenstig. Ich halte das nicht aus. Es ist unfair. Sie trotzt mir.*

Alternative Erklärungen für ihr Verhalten:

Temperament: *Sie mag Veränderungen überhaupt nicht.*

Entwicklungsstufe: *Sie will frei und unabhängig sein.*

Bedürfnisse: *Sie muß essen (niedriger Blutzuckerspiegel).*

Verstärkung: _____

Entgegnungen: *Es fällt ihr schwer, wach zu werden. Sie braucht Essen. Sie meint es nicht persönlich. Mit einem guten Plan werde ich damit fertig.*

Das Verhalten ändern

Frühe Warnsignale: *Wärmegefühl, nervöser Magen, Kopfweh.*

Kurze Bekräftigungen: *Bleib ruhig. Du wirst damit fertig.*

Schlüsselwörter: *«Tief einatmen ... entspannen.»*

So befriedige ich ihre wahren Bedürfnisse: *Kommentarlos Orangensaft geben, damit der Blutzuckerspiegel steigt, ehe ich sie bitte, etwas zu tun.*

Die Worte ändern

Klare Aussage: *Wenn du nicht um halb acht angezogen bist und um acht gefrühstückt hast, bin ich enttäuscht und mache mir Sorgen. Deine Lehrerin ärgert sich nämlich, wenn du zu spät kommst, und ich komme zu spät zur Arbeit. Ich möchte, daß du jeden Tag um halb acht angezogen bist und um acht gefrühstückt hast.*

Wahlmöglichkeiten: *Zieh dich selbst an, oder ich suche die Kleider aus, und du ziehst sie im Auto an. Iß, was ich mache, oder nimm dir etwas ins Auto mit.*

Konsequenzen: *Wir fahren um Viertel nach acht los, einerlei, ob du mitgenommen hast, was du willst und was du brauchst.*

Auszeit? ___ Ja _X_ Nein
Gemeinsames Problemlösen? _X_ Ja Wann? *Am Abend.*
                ___ Nein
Alternativlösungen: *Du ißt jeden Morgen Brötchen im Auto.*
Du schläfst in sauberer Unterwäsche. Morgens kein Fernsehen.
Sally arbeitete diesen Plan am Wochenende aus. Am Montagmorgen weckte sie Gina und ging nach unten, um Kaffe zu kochen und ein Glas mit Orangensaft zu füllen. Stumm reichte sie Gina das Glas. Gina brummte, aber Sally sagte nichts, sondern dachte an eine ihrer Entgegnungen: «Nimm's nicht persönlich. Sie mag Veränderungen überhaupt nicht.»

Als Gina den Saft getrunken hatte, bat Sally sie, sich anzuziehen. Gina runzelte nur die Stirn und setzte sich vor den Fernseher. Sally fühlte, wie sie warm wurde und ihr Magen sich verkrampfte. Das waren ihre frühen Warnsignale – sie wurde wütend. Also dachte sie die Schlüsselwörter: «Tief einatmen … entspannen!»

Ihr Ärger ließ nach, und es gelang ihr, in ruhigem Ton zu sagen: «Du kannst dir deine Kleider selbst suchen und sie bis halb acht anziehen. Wenn du dann nicht fertig bist, suche ich etwas für dich aus.»

Sie schaltete das Fernsehgerät aus und ging in die Küche, um das Frühstück zu machen. Um halb acht ging sie wieder zu Gina, die zwar fast angezogen, aber noch barfuß war. Sally sagte ihr klar und deutlich, was sie fühlte und was sie von ihr erwartete:

«Wenn du um halb acht noch nicht angezogen bist, bin ich enttäuscht, und ich mache mir Sorgen, weil deine Lehrerin sich ärgert, wenn du zu spät kommst, und weil ich zu spät zur Arbeit komme. Zieh deine Strümpfe und Schuhe an, und iß deinen Haferbrei.»

Als Sally das Zimmer verließ, sagte sie zu sich selbst: «Nimm's nicht persönlich. Sie ist eben so. Alle Kinder trödeln.»

Um Viertel nach acht hatte Gina ihre Socken an und einen oder zwei Happen Haferbrei gegessen. Sally sagte: «Du willst also, daß ich für dich die Schuhe aussuche. Und du willst im Auto essen. Na, dann gehen wir, es ist Zeit.»

Gina war ziemlich verdutzt, als Sally sie ins Auto schob und ihr die roten Schuhe sowie ein hastig mit Erdnußbutter bestrichenes Brötchen reichte. Aber sie bekam keinen Koller.

Nach zwei Wochen hatten beide sich an Sallys Meisterplan gewöhnt. Es war nicht mehr nötig, gemeinsam Probleme zu lösen. Der Plan war erfolgreich, weil Sally im voraus überlegt hatte, was sie denken, tun und sagen würde.

Sally achtete auf ihre frühen Warnsignale und bekämpfte ihre Auslöser mit vernünftigen Entgegnungen, um einem Wutanfall vorzubeugen.

Sie reagierte nicht auf Provokationen. Statt dessen hielt sie inne und holte ein paarmal tief Luft. In dieser Pause wiederholte sie ihre Entgegnungen und erinnerte sich an Ginas wahre Bedürfnisse.

Sally gab ihrer Tochter, was diese am Morgen brauchte: ein wenig Zeit, um aufzuwachen, Orangensaft, um den Blutzuckerspiegel anzuheben und die Reizbarkeit zu verringern, die Freiheit, ihre Kleider auszuwählen, minimale Auseinandersetzungen und Ablenkungen, klare Alternativen und logische Konsequenzen sowie einen bestimmten Zeitpunkt für die Abfahrt.

Ihr eigener Meisterplan

Benutzen Sie die folgende Vorlage, um Ihren eigenen Meisterplan zu entwerfen. Wahrscheinlich brauchen Sie nicht für jede problematische Situation jede freie Stelle auszufüllen. Aber der Meisterplan wird Sie daran erinnern, was Sie gegen Ihre Wut tun können, und Sie können sich im voraus Strategien überlegen, die sich für bestimmte Situationen eignen.

Problemsituation: _____

_____

_____

Das Denken ändern (Kapitel 3, 4, 5)

Auslöser: _____

_____

Alternative Erklärungen für das Verhalten des Kindes:

Temperament _____

Entwicklungsstufe _____

Bedürfnisse _____

Verstärkung _____

Entgegnungen auf Auslöser (Seite 122 ff.): _____

_____

_____

_____

_____

Das Verhalten ändern (Kapitel 6)

Frühe Warnsignale: _____

Kurze Ermahnungen: _____

Schlüsselwörter: «Tief atmen ... entspannen!» _____

Was können Sie für die wahren Bedürfnisse des Kindes tun?

_____

Die Worte ändern (Kapitel 7)

Klare Feststellung:

Wenn du _____

fühle ich mich _____

weil _____.

Ich will, daß du _____.

Wahlmöglichkeiten (Seiten 158–160): _____

Konsequenzen beschreiben: _____

Auszeit? ___ Ja ___ Nein

Gemeinsames Problemlösen? ___ Ja Wann? _____

___ Nein

Mögliche andere Lösungen: _____

_____

_____

Literatur

Ames, Louise B./Haber, Carol Chase: *Your Seven-Year-Old*. Dell Publishing, New York 1976
– *Your Eight-Year-Old*. Dell Publishing, New York 1989
– *Your Nine-Year-Old*. Dell Publishing, New York 1990
Ames, Louise B./Ilg, Frances L.: *Your Two-Year-Old*. Dell Publishing, New York 1976
– *Your Four-Year-Old*. Dell Publishing, New York 1976
– *Your Five-Year-Old*. Dell Publishing, New York 1979a
– *Your Six-Year-Old*. Dell Publishing, New York 1979b
– *Your Three-Year-Old*. Dell Publishing, New York 1985
Ames, Louise B./Ilg, Frances/Haber, Carol Chase: *Your One-Year-Old*. Dell Publishing, New York 1982
Crockenberg, Susan: «Toddlers' Reactions to Maternal Anger». In: *Merril-Palmer Quarterly* 31 (1985); S. 361–373
– «Predictors and Correlates of Anger Toward and Punitive Control of Toddlers by Adolescent Mothers». In: *Child Development* 58 (1987); S. 964–975
Davis, M./Eshelman, E. R./McKay, Matthew: *The Relaxation & Stress Reduction Workbook*. 4. Aufl., New Harbinger Publications, Oakland 1994
DeRoma, V. M./Hansen, D. J.: *Development of the Parental Anger Inventory*. Im November 1994 dem Kongreß der Gesellschaft für Förderung der Verhaltenstherapie in San Diego vorgelegt
Dinkmeyer, D./McKay, G. D.: *The Parent's Guide: Systematic Training for Effective Parenting of Teens*. American Guidance Service, Circle Pines 1983
Dreikurs, Rudolf, mit Vicki Soltz: *Children: The Challenge*, Hawthorn Books, New York 1964
Frude, N./Goss, A.: «Parental Anger: A General Population Survey». In: *Child Abuse and Neglect* 3 (1979); S. 331–333
Grevin, Phillip: *Spare the Child: The Religious Roots of Punishment and the Psychological Impact of Physical Abuse*, Knopf, New York 1990
Hemenway, David/Solnick, Sara/Carter, Jennifer: «Child Rearing Violence». In: Child Abuse and Neglect 18 (1994); S. 1011–1020
Heusson, Carol: *Parental Anger: An Examination of Cognitive and Situational Factors*, Dissertation, Universität Waterloo, Ontario
Korbanka, Juergen/McKay, Matthew: «*The Emotional and Beha-*

vioral Effects of Parental Discipline Styles on Their Adult Children. Unveröffentlicht

McKay, Matthew/Rogers, Peter D./McKay, Judith: *When Anger Hurts*. New Harbinger Publications, Oakland 1989

Oliver, J.: «Intergenerational Transmission of Child Abuse Rates, Research and Clinical Implications». In: *American Journal of Psychiatry* 150 (1993); S. 1315–1324

San Francisco Examiner, 7. Dezember 1995: «Child Abuse Figures Soar in U. S. Poll»

Strassberg, Zvi/Dodge, Kenneth/Pettit, Gregory/Bates, John: «Spanking in the Home and Children's Subsequent Aggression Toward Kindergarten Peers». In: *Development and Psychology*, Bd. 6, Nr. 3 (1994); S. 445–461

Straus, Murray: *Beating the Devil Out of Them: Corporal Punishment in American Families*. Lexington Books, New York 1994

Tesser, Abraham/Forehand, Rex/Brody, Gene/Long, Nicholas: «Conflict: The Role of Calm and Angry Parent-Child Discussion in Adolescent Adjustment». In: *Journal of Social and Clinical Psychology* 8 (1989); S. 317–330

Trickett, Penelope/Kuczynski, Leon: «Children's Misbehaviors and Parental Discipline Strategies in Abusive and Non-Abusive Families». In: *Developmental Psychology* 22 (1986); S. 115–123

Turecki, Stanley, mit Leslie Tonner: *The Difficult Child*. Bantam Books, New York 1985

Zaidi, Lisa/Knutson, John/Mehm, John: «Transgenerational Patterns of Abusive Parenting». In: *Aggressive Behavior* 15 (1989); S. 137-152

«Viele Eltern finden hier eine Antwort auf tägliche Fragen.»
Le Monde

Xavier Pommereau

Was ist eigentlich los mit dir?

Jugendliche und ihre Krisen verstehen

Aus dem Französischen von Roger Hayoz
192 Seiten, Englische Broschur
ISBN 3-530-40037-8
Walter Verlag Zürich und Düsseldorf

Auf der Suche nach sich selbst geraten viele Jugendliche in seelische Krisen. Eltern empfinden sich aber oft als hilflos gegenüber dramatischen Signalen wie körperlichen Beschwerden, gestörtem Eßverhalten, Rückzug oder auffälligem Risikoverhalten, ohne sie verstehen zu können. Das vorliegende Buch setzt sich zum Ziel, «Verständnishilfe» zu sein und auf Entwicklungsaspekte hinzuweisen, welche Eltern und Jugendliche sowohl auf der persönlichen wie auf der Beziehungsebene zum Nachdenken nutzen können. Es wird auf einige der auffälligsten Formen von Krisen in der Adoleszenz eingegangen und versucht, verschiedene Aspekte herauszuarbeiten, die in unterschiedlichem Maße vielen Jugendlichen gemeinsam sind.
Der Autor schlüsselt die Reaktionsweisen von Erwachsenen und Jugendlichen auf und weist auf Entwicklungsaspekte hin, die Eltern und Jugendliche aus der familiären Sackgasse herausführen können.

WALTER VERLAG

Norbert und Gabriele Münnix

Leben statt gelebt zu werden

Wie wir Kindern Orientierung geben

208 Seiten, Englische Broschur
ISBN 3-530-30031-4
Walter Verlag Zürich und Düsseldorf

Es ist Zeit für Werte: Zeit haben und sich Zeit nehmen sind notwendige Voraussetzungen für eine sinnvolle Werteerziehung. Kinder sind die Zukunft jeder Gesellschaft; und es wäre verhängnisvoll, wenn eine gehetzte Gesellschaft auf der Jagd nach Selbstverwirklichung und Profit nur ebenso gehetzte Kinder produziert. Erstmals wird hier die Wertediskussion mit der Zeitproblematik verknüpft.

Die Autoren zeigen durch gesellschaftskritische, psychologische, philosophische und pädagogische Überlegungen, aber auch praxisnah und am Familienalltag orientiert, wie Werte einsichtig gemacht und vorgelebt werden können. Die von ihnen skizzierte Kultur der Achtung und die Erziehung zur Empathie können auch helfen, mehr Verständnis zwischen den Generationen zu wecken, Egoismustendenzen abzubauen und den Gemeinsinn für die Bewältigung von Zukunftsaufgaben zu stärken.

Eltern finden in diesem lebensnahen und praxisorientierten Leitfaden Anleitungen zur eigenen Standortbestimmung und konkrete Beispiele aus dem familiären Alltag, die aufzeigen, was Kinder heute brauchen, um Orientierung zu finden.

WALTER VERLAG

Christa Dettwiler-Lauber

Wenn die Seele ihre Flügel ausbreitet

Meditative Fantasiereisen mit Kindern

85 Seiten mit konkreten Anleitungen zu
17 Übungen und mit 17 einfarbigen Illustrationen
Gebunden mit Schutzumschlag
ISBN 3-530-30006-3
Walter Verlag Zürich und Düsseldorf

Mit Hilfe der «geleiteten Meditation» lernen Kinder, das Schönste zu entdecken, was wir Menschen in uns tragen: die eigene Fantasie. Die Methode hat ihren Ursprung in der alten Tradition des Geschichtenerzählens: Das Kind entwickelt aus wenigen Vorgaben seine ureigenen Bilder und Empfindungen und begibt sich auf ein spannendes Abenteuer durch das Ich und den Lebensalltag.

WALTER VERLAG